존 넬슨 다비의
침례의 더 깊은 의미

존 넬슨 다비의
침례의 더 깊은 의미

존 넬슨 다비 지음 ㅣ 이 종 수 옮김

 형제들의 집

차례

역자 서문 …………………………………05
01. 침례 ……………………………………07
   1장 요약 …………………………………59
02. 침례는 생명전달의 의미가 없다 …………62
   2장 요약 …………………………………76
03. 가족 침례 ………………………………78
   3장 요약 …………………………………106
04. 침례는 우리를 어디에 넣어주는가 ………109
   4장 요약 …………………………………120

역자 서문

침례의 더 깊은 의미 속으로 들어가보자!

 우리는 신자로서 침례를 받았다. 그리스도를 주로 고백하고 또 교회의 지체로 더해지는 공식적인 절차로서 침례를 받았다. 그것이 전부일까? 그렇다. 지금까지 우리는 그것이 침례가 가지고 있는 의미의 전부인줄 알았다.

 하지만 존 넬슨 다비는 침례에 담긴 더 깊은 의미를 홍해와 요단강의 예표를 통해서, 그리고 고린도전서, 로마서, 에베소서, 골로새서를 통해서 풀어내고 있다. 그리고 각 지역교회의 영적 상태와 영적 수준에 따라서 침례의 의미들을 다른 측면에서 계시해야만 했던 바울의 침례에 대한 가르침을 아울러 소개하고 있다.

 뿐만 아니라 오늘날 복음주의 교회에서 거의 시행하고 있지 않은 가족 침례에 대한 부분까지 아울러 소개하고 있다. 사도행전 16장을 보면, 빌립보 간수와 루디아는 온 집이 다 침례를 받았다. 그 이유는 무엇일까?

다비의 친절한 설명을 통해서, 우리는 오늘날 크리스천 부모들이 자녀들의 구원문제에 대한 책임에서 실패하는 이유를 발견하게 된다. 그리고 하나님이 맡겨주신 우리 자신의 자녀들에 대한 구원문제에 대한 책임을 다시금 각성하듯 깨닫게 된다. 오늘날 어느 교회에서는 크리스천 가정의 새로 태어난 아기에게, 헌아식 또는 축복식을 베풂으로써, 자녀에 대한 그리스도의 권리를 인정하며, 크리스천 부모로서 자녀들을 그리스도의 사람으로 양육해야 할 자신의 특권과 의무를 새기는 시간을 갖는다고 한다. 가족 침례에 대한 다비의 글을 읽으면서 맹목적으로 가족 침례 방식을 따를 필요는 없을 것이지만, 그 의미를 깊이 묵상해보고서, "너와 네 온 집이 구원을 얻으리라"(행 16:31)는 하나님의 약속을 붙잡을 수 있기를 바랄 뿐이다.

아무쪼록 이 작은 책자가 우리로 하여금 침례를 받은 자로서, 더 깊은 침례의 의미를 묵상하도록 도움으로써 영적인 총명을 일깨워주고 또한 주님을 향한 진실한 마음을 불러 일으켜주길 소망해본다.

침례

Baptism

140

  침례는 요단강이 아니라 홍해를 가리킨다. 침례는 우리에게 만나와 광야에서 신령한 음료를 마시는 일로 안내하며, 이러한 것들이 있는 광야 속으로 들어가게 해준다. 가나안에 들어갔을 때에는 이런 것들이 없었다. 즉 만나가 그쳤고, 이스라엘 백성들은 그 땅의 볶은 곡식을 먹었다. 다시 말해서 홍해를 건너는 일은 하늘에 속한 자가 되게 해주는 것이 아니다. 요단강을 건널 때에야 비로

소 하늘에 속한 자가 된다. 홍해를 건너는 일은 광야에서 양식을 공급하시는 일을 제외하면 하나님이 주시고자 하는 것의 어떤 부분에도 들어가게 해주지 못하며, 사탄의 세계에서 해방을 받게 해주지만 하나님의 성결한 처소에 들어가게 해주지는 않는다.

이 부분은 좀 더 깊이 연구될 필요가 있다. 그들이 비록 하나님의 백성이긴 했지만, 이집트에서는 죄인이었기에, 유월절 어린양의 피가 그들을 향한 하나님의 심판을 충족시킬 필요가 있었다. 그리고 나서 그들은 홍해를 건넘으로써 전에 이집트에서 서있던 신분에서 벗어나게 되었다. 이로써 구속이 완결되었으며, 심지어 예표적으로 최종적인 해방까지 이루어졌다. 이는 이집트 사람들은 홍해에서 멸망을 당하였기 때문이다. 비록 구속이 완성되었고, 그들이 하나님께로 인도되었을지라도(출 15장), 이 모든 것은 이 세상과 관련된 일이었고, 심판도 마찬가지였다. 현재적으로 보면 이 세상은 만나와 물과 포도열매와 하나님의 인도하심을 받는 광야다. 이러한 것들 중 어느 것도 하늘에 속한 것이 아니며, 여기에 진정한 차이점이 있다. 그래서 이것은 이스라엘과 연관된 것이지만, 비유적으로는 천상을 위한 존재로서 지상에 있는 교회와도 연관이 있다.

홍해를 건넌 후 우리는 마라, 만나, 메추라기, 물과 아말렉을 보게 되며, 아론과 모세가 이드로에게 잔치를 베풀고 십보라가 돌아온 이야기를 볼 수 있다. 이 모든 것은 그 자체로는 작은 장면이긴 하지만, 홍해를 건넌 이후 펼쳐지는 광야의 삶이 무엇인지를 보여 주기에 충분하다. 모세의 노래가 찬송을 했던 주제는, 우리가 하나님에게 나아왔으며, 원수들이 돌 같이 침묵하였고, 우리는 주의 손으로 세우신 성결한 처소로 삼으신 곳에 이르게 될 것이란 것이었다(출 15:16,17). 그들은 모세에게 속하여 침례를 받았지만, 모세 자신은 가나안에 들어가지 못했다. 광야는 가나안에 도착하기까지 책임을 시험하는 장소다. 이에 대한 모형적인 의미를, 우리는 고린도전서 10장에서 볼 수 있다. 모세에게 속하는 침례를 받은 곳은 홍해였지 요단강이 아니었다. 사실 구속의 역사는 홍해에서 완결되었지만, 하나님 앞으로 나아온 사람들은 하나님이 예비하신 가나안 땅으로 들어가지 못할 가능성을 전제로 한 책임의 문제를 안고 있었다. 그들이 참으로 주의 소유된 백성이라면, 그들은 확실히 안전하게 지켜질 것이다. 하지만 그들의 자리는 '만일(if)'이 함께 하는 자리였다. 이러한 만일(if)이란 말은 골로새서 1장과 히브리서, 그리고 고린도전서 9장과 10장에도 있다. 그들의 자리는 그리스도의 죽음에 기초하고, 완전한 해방에 토대를 두고 있었지만, 이 모든 것들은 외적인 것이었으며, 개인들에게 시험을 요구하는 것이었다. 심지어 골로새 교회에게도 시험이 있었다. 하지만 에베소 교회에는 없었다. "주도 한 분이시요 믿음도 하나이요 세례도 하나이요"(엡 4:5)라는 언급을 제외하면, 에베소서에는 침례에 대한 구체적인 언급이 없다. 영적 전쟁과 통치, 악한 날에 능히 대적하기 위한 하나님의 전신갑주를 언급하고 있지만, 광야를 통과하는 일이나, 내가 과연 약속의 땅에 도달할 수 있을 것인지에 대한 불확실성 또는 실패에 대한 언급이 전혀 없다.

141

침례는 이런 토대를 가지고 있다. 즉 그리스도의 죽음에 의해 확보된 구속의 역사에 터 잡고 있다. 이것은 단순히 문설주에 바른 피를 통해서 심판으로부터 안전하게 되었다는 것을 의미하지 않는다. 여기서 더 나아가야 한다. 나는 침례를 통해서 그리스도의 죽으심과 합하게 되었고, 그리스도의 죽음에 참여하게 되었음을 고백하며(롬 6:3), 따라서 새 생명 가운데서 새 삶을 살도록 부르심을 받았음을 공적으로 선언한다. 나는 나 자신을 죽은 자로 여기며, (만일 나에게 그것이 정말 실제라면) 또한 그리스도의 부활과 같은 모양으로 연합한 자가 될 것이다. 나는 나 자신을 죄에 대하여 죽은 자요, 그리스도로 말미암아 하나님께 대하여 살아난 자로 여기라는 부르심을 받는다. 나는 구속의 복된 토대 위에서 이 세상에서 책임 있는 삶을 시작하게 되었고, 나 자신을 죄에 대하여 죽었으며[1], 하나님께 대하여 살아 있는 자로 여기며, 나 자신을 죽은 자 가운데서 다시 살아난 자 같이 하나님께 드린다. 구속에 의한 자유를 누리며, 하나님을 향해 살아가며, 이 세상에서 나의 지체를 하나님께 의의 병기로 드

---

[1] 이것은 기독교인들이 소유하고 있는 영적 지성에 근거하여 즐겨 사용하는 논증이다. 침례는 단지 그들이 그리스도의 죽음에 연합되었다는 공개적인 고백을 하게 해줄 뿐이다. 그러므로 그들은 그들 자신이 실제적으로 죄에 대해 죽은 것으로 여겨야만 했다. 그러나 그리스도와 함께 십자가에 못 박히는 것은 "내가 십자가에 못 박혔다"고 말하는 것으로 되는 것이 아니라, 오직 믿음이 실재할 때에만 십자가에 못 박힌 것이 된다는 사실을 명심해야 한다.

리는 삶을 사는 것이다. 이것이야말로 참으로 복된 특권을 가진 자의 삶이다. 하나님의 영이 나에게 주어졌다. 만일 이것이 진짜라면, 확실히 좋은 결말을 맺게 될 것이다.

　로마서 6장은 여기서 더 나아간다. 로마서 6장은 그리스도의 죽음을 죄에 대하여 죽는 죽음으로 받아들이게 해주고, 사람이 처해 있는 상태(죄의 노예된 상태)에 적용시키며, 그리스도께서 다시 살아나신 것을 우리에게 적용시킴으로써 그 상태를 끝내는 것으로 결론을 이끌어낸다. 우리는 그리스도의 죽음에 합하는 침례를 받았고 (were baptised to His death), 이로써 그리스도의 죽음에 참여하게 되었으며, 우리는 다시 살아난 그리스도로 말미암아 (결과적으로 율법이 아니라 죽은 자 가운데서 살아나신 그리스도에게로 가서) 하나님께 대하여 산 자 (are alive to God through Him risen)가 되었다. 따라서 죄가 더 이상 우리에게 왕 노릇하지 못하게 되었다. 그렇지만 로마서에는 그리스도와 함께 다시 살아나는 것에 대한 언급은 없다. 육신 안에서 살았던 사람이, 그리스도의 죽음 속으로 들어갔다. 그렇지만 여기 로마서에선 그리스도와 함께 살아나는 것은 전혀 언급되고 있지 않다.

에베소서는 침례를 전혀 다른 시각으로 본다. (그래서 에베소서 4장에서 몸의 하나됨이란 외적인 신앙고백을 제외하면, 침례에 대한 언급은 전혀 없다.) 우리는 로마서처럼 죽고자 할 필요도 없고, 죄 안에서 살아있는 자로서 죽으려고 애쓸 필요도 없다. 왜냐하면 허물과 죄로 이미 죽어 있었기 때문이다. 그래서 에베소서는 우리를 그리스도와 함께 살리심을 받았고, 함께 일으킴을 받은 (quickened together with Him, raised up together) 존재로 소개한다. 따라서 에베소서에서 우리는 칭의를 볼 수 없으며, 다만 새로운 피조물을 볼 수 있을 뿐이다. 우리는 하나님이 그리스도 안에서 새로이 창조하신, 하나님의 새로운 피조물이다. 우리는 죽어 있었다. 그리스도께서 은혜로 우리를 위해 죽음의 자리까지 내려 오셨고, 구속의 역사를 완성하셨으며, 죄(sin)를 없이 하셨다. 그 결과 그리스도와 우리는 함께 새로운 자리(new place)에 앉도록 일으킴을 받았다.

142

골로새서는 로마서와 에베소서, 이 둘 사이에 있다. 우리 소망은 하늘에 있다. 우리는 그리스도와 함께 살리심을 받았지만, 단순히 새로운 피조물이 된 것이 아니라 모든 죄악을 용서받았으며 또 그리스도께서 앉아 계신 위엣 것을 생각하라는 부르심을 받고 있다. 우리는 그저 그리스도 안에 있는 존재가 아니라, 우리 생명이 하늘에 감추어져 있다. 그리스도는 우리 생명이시다. 즉 그리스도께서 우리 안에 계신다. 우리는 그리스도 안에서 완결되었지만, 아직 하늘에 앉아 있지는 않다. 우리는 죽었고, 그리스도과 함께 일으키심을 받았지만, 여전히 지상에 있다(We are dead, risen with Him but on earth). 단지 해방을 받은 정도가 아니라 이제는 하늘을 바라본다. 왜냐하면 우리는 하늘에 속한 생명을 가지고 있으며, 우리 생명이신 그리스도께서 하늘에 앉아 계시기 때문이다. 이것은 성령에 의해서 하나의 몸으로 연합되는 것에 관한 것이 아니라 그리스도를 나의 생명으로 받아들이는 것에 관한 것이다. 이 생명은 하늘에 계신 그리스도와 같은 삶을 살게 해주는 특징을 가진 생명이다. 골로새서는 에베소서처럼 성령으로 말미암아 하늘에 속한 자가 되고 그리스도 안에서 하늘에 앉아 있는 자가 되게 해주는 하나됨이 아니라, 그리스도를 나의 생명으로 받아들이는 진리를 다룬다.

홍해에서, 우리는 해방의 역사를 볼 수 있다. 즉 악을 심판하고 세상 사람들을 심판하는 일과 어느 경우든 이 세상과 연결되어 있는 모든 것을 심판하는 하나님의 구원을 볼 수 있다. 반면 요단강에서 우리는 경건하던 경건하지 않던, 이 세상에서 책임 있는 사람의 전체 상태에서 벗어나게 해주는 것을 볼 수 있다. 우리는 홍해에서 세상과의 관계를 끝냈고, 이제 요단강에서는 죽음과의 관계를 끝낼 수 있게 되었다. 기념하는 돌들이 요단강 바닥에 놓였고, 그 죽음의 자리에서 죽음은 하나님에게서 멀리 떠나갔다. 요단강은 단지 심판을 선언한 정도가 아니라, 하나님에게서 버림을 받고 제거되는 것을 가리킨다. 언약궤가 그리로 내려가서, 우리를 죽음에서 건져 올렸고, 죽음을 통과함으로써 하나님께 영광을 돌리신 그리스도께서 들어가신 하늘로 들어가게 해주는 것이다. 율법적인 책임을 상징했고 또 세상에서 살아 있는 존재였던 모세는 죽었고, 그는 약속의 땅을 본 일 외에는 약속의 땅과는 아무 상관이 없었다. 모세는 새로운 피조물이 아니다. 여기 요단강에서 그리스도는 피를 흘리시는 분도 아니고, 심판의 자리에서 해방의 역사를 이루시는 해방자도 아니고, 다만 우리가 그리스도 안에 있으며, 그리스도는 여기 사람의 자리에서 사망을 통과하셔서 우리를 위하여 약속의 땅으로 들어가시는 분이시며, 우리 또한 그리스도 안에 있는 자로서 광야생활을 끝내고 하늘에 들어가신 그리스도를 따라 하늘에 들어가는 것이다. 그렇다면 침례는, 하나의 상징으로서, 이런 일과는 아무 상관이 없다. 골로새서를 보면, 침례는 그리스도를 일으키신 하나님의 역사를 믿는 믿음으로 말미암아 일으키심을 받는 것으로 설명되고 있긴 하지만, 우리를 여전히 땅에 있는 자로 언급하면서 우리의 마음과 소망을 하늘에 두도록 교훈하고 있다. 그런 삶을 살아갈 때, 우리는 장차 땅에 있는 사람들에게 그리스도와 함께 영광 가운데서 나타나게 될 것이다. 한편 성령에 의해서 연합을 이룬 하나됨의 진리는 소개되고 있지 않다. 이런 진리는 에베소서에서 소개하고 있다.

로마서는 여기 이 땅에서 순종하는 삶과 의로운 삶을 살아가도록 교훈한다. 골로새서는 영으로 하늘에 속한 자로서 살아가도록 교훈하며, 격려의 메시지를 담고 있다. 에베소에서 우리는 하늘에 앉아 있다. 우리가 구해야 하는 것은 그리스도의 임재와 능력이다. 그곳에 계신 그리스도의 임재와 권능이 지상에 있는 우리 속에서 작용하게 되면, 여기서 우리는 하나님이 사용하시는 거룩한 그릇이 된다.

143

요단강은 한 마디로 나 자신의 죽음을 가리킨다. 더 이상 이 세상에 속하기를 끝내고서, 하늘의 자리에 들어가 하늘에 속한 자로서, 승천하신 그리스도와 함께 하늘에 앉는 것을 뜻한다. 홍해는 구속과 해방의 완결로서 죽음을 가리키며, 우리로 하여금 이 세상에서 하나님을 향해 살아있는 자가 되게 해준다. 그래서 항상 "만일(if)"의 문제가 남아 있다. 홍해는 해방을 통해서 이 세상에서 책임감 있는 삶으로 들어가게 해준다. 생명이 있다면, 우리는 목적지에 도달하게 될 것이다. 반면 요단강은 거기에 대해서도 죽고, 그리스도와의 연합된 자로서 천상세계를 상징하는 가나안으로 들어가는 것을 의미한다.

그렇다면 침례는 요단강이 아니라 홍해에서 치러진다. 우리는 우리가 지은 죄들을 다 사함을 받았기 때문에, 즉 "우리의 모든 죄를 사하시고"(골 2:13)라는 사실 외에 부활을 더할 수 있다. 우리가 전에 죄악 가운데 살았을 때에는 그 가운데서 행했다. 이제 나는 옛 사람을 벗어버렸고 새 사람을 입었다. 이것은 개인적인 일이다. 입술의 고백을 통해서 "주도 한 분이시요 믿음도 하나" 속으로 들어간다. 이 단계에선 영적인 악과의 싸움도 없고, 가나안에 들어가기까지 기업을 얻는 것도 없다. 이집트에서 그들은 노예였고, 싸움이 없었다. 하지만 가나안에서 그들은 주의 군대였다. 광야에서 그들은 그들에게 선을 이루시는 하나님과 함께 했을 뿐 아무 것도 할 필요가 없었다. 가나안에서 그들은 하나님을 위해 사탄과 싸우는 전사가 되었다. 그러므로 침례는 로마서에서 보다는 골로새서에서 한층 더 진보된 개념으로 소개되고 있긴 하지만, 그렇다고 해서 침례가 우리를 하늘에 올려주거나, 그리스도의 몸에 속하게 하거나, 심지어 그리스도와의 연합 속으로 넣어 주지는 않는다. 우리는 침례를 통해서 죄들을 씻고, 침례를 통해서 죽음 속으로 들어간다. 골로새서 2장 12절을 보면, 그 외에도 우리는 일으킴을 받았다(we are risen). 따라서 침례는 개인적인 것이다. 교회는 결코 죽을 필요가 없기 때문이다. 교회는 새로운 피조물 가운데 첫째(first born)이다. 우리가 침례를 통해서 일으킴을 받을 때, 예수 그리스도를 다시 살리신 하나님의 역사를 믿음으로 말미암아, 예수 그리스도의 부활에 참여함으로써 새로운 피조물이 되는 것이다. 그럼에도 침례는 하늘 처소에 들어가게 해주지 않는다. 홍해에는 언약궤가 없었고, 기념하는 돌들도 세우지 않았다. 게다가 바울은 침례를 주라고 보내심을 받지 않았다는(고전 1:17) 말을 조심스럽게 전달하고 있다. 이 말은 침례를 폐지하려는 뜻에서 한 말이 아니라, 주의 만찬에 대한 계시를 더 우선시하려는 것이다. 왜냐하면 주의 만찬은 참여하는 사람들에게 몸의 하나됨을 알리는 중요한 표지이기 때문이다.

나는 여기까지 오면서, 여기 저기 설명을 덧붙였다. 중요한 것은 침례와 이 바울 서신서들의 본질에 대한 것이다. 침례가 부활까지 이어지고 있으며, 어떤 면에서는 그리스도를 우리의 생명으로 제시하는 부분도 있긴 하지만, 침례는 결코 우리를 이 세상에서 벗어나게 해주는 것이 아니라, 다만 새 생명에 의해서 우리를 책임의 지위에 들어가게 해준다. 따라서 침례는 "우리로 또한 새 생명 가운데서 행하게 하려는"(롬 6:4) 것이다. 골로새서에서 그것은 "만일 너희가 믿음에 거하고 터 위에 굳게 서서 너희 들은 바 복음의 소망에서 흔들리지 아니하게"(골 1:23) 하려는 것이다. 반면 고린도전서 10장에서는 강력한 경고가 있다. 그들은 다 침례를 받았다. "그러나 그들의 다수를 하나님이 기뻐하지 아니하셨으므로 그들이 광야에서 멸망을 받았느니라."(고전 10:5). 우리는 이 세상에서 죽었다가 다시 살아난 자로서, 광야에서 행하도록 부르심을 받았다. 이것이 침례의 궁극적인 목적이다. 그러므로 침례는 외적이고 가시적인 교회가 "주도 한 분이시요 믿음도 하나이요 세례도 하나"라는 신앙고백의 표현인 것이다. 우리가 부활을 향한 선한 양심을 가진 상태에서(벧전 3:21), "주의 이름을 불러 세례를 받고 너의 죄를 씻으라"(행 22:16)는 명령에 순종함으로써, 이 세상에서 하나님의 백성으로서 책임 있는 자리로 들어가는 일이다. 이것은 포도나무에 가지를 접붙이는 일에 대한 일종의 비유다. 광야와 세상은 결과적으로 시험의 장소다. 믿음을 위한 확실한 약속에 의해서 우리가 그리스도의 동료들이 되었지만, 그럼에도 만일(if)가 있다. 따라서 침례를 받은 사람은 항상 이 세상을 광야와 같이 여겨야 하며, 시험의 장소로 바라볼 필요가 있다. 이와 더불어 믿음을 가진 사람들을 위한 약속의 풍성한 위안과 하나님의 신실하심이 있다. 이러한 것들이 골로새서, 히브리서, 그리고 베드로전후서의 주요한 특징을 이루고 있다.

144

로마서는 다소 다른 특징을 가지고 있다. 왜냐하면 로마서는 개인이 서있는 토대를 다루며, 그 뿌리, 그 자리의 본질, 그리고 (가끔 권면을 제외하면) 신앙고백 차원의 신분의 문제를 다루기보다는 바울이 정말 말하고자 하는 것들의 본질, 즉 그러한 것들이 가지고 있는 진정한 가치를 다룬다. 이러한 측면에서 생각해볼 때, 우리는 로마서에서 침례를 볼 수 있는데, 주로 죽음의 의미로 소개하고 있다. 즉 그리스도의 죽으심과 합하여 침례를 받는 것이며, 이 점은 죄와 관련해서 침례의 매우 실제적인 성격을 제시하고 있다. 나는 죄에 대하여 죽은 자로 여겨야 한다. 나는 침례에 의해서, 과거의 나를 죽음 속에 장사 지낸다. 침례는 그리스도께서 죽으시고 살아나신 사실에 터 잡고 있으며, 이 점은 우리 칭의의 토대이며, 로마서 3장과 4장에 잘 나타나 있다. 우리는 교리적으로, 그리스도의 사역에 대한 신앙고백을 통해서 죽음에 참여하며, 죄에 대하여 죽었다는 고백을 한다. 침례는 죽음에 참여하는 것이지 다시 사는 진리와는 아무 관계가 없다. 그렇기 때문에 침례는 교회의 자리인 몸에 들어가는 것이나, 하나님의 집에 들어가게 해주는 것이 아니다. 다만 개인적인 일이며, 개인에게만 귀속되는 일일 뿐이다.

고린도전서에서 우리는 신실하고 또 성도의 자리에 들어온 사람들을 가리키는, "우리의 주 되신 예수 그리스도의 이름을 부르는 모든 자들"을 볼 수 있지만, 여전히 의심의 문제가 있음을 볼 수 있다. 고린도전서 10장을 보면 알 수 있듯이, 여기에 공개적인 신앙고백을 통해서 들어오게 된 지위와 실제 사이의 차이점이 문제로 제기되고 있다. 고린도전서 12장에 가서야 몸에 대한 교훈을 볼 수 있다. 성도라 부르심을 받고 또 각처에서 주의 이름을 부르는 모든 자들은 책임의 자리에 있는 것을 볼 수 있다. 지혜로운 건축자가 터를 닦아 두었을지라도, 각각 어떻게 그 위에 세울까를 조심해야 한다. 왜냐하면 나무나 풀이나 짚으로 이 터 위에 세울 수 있기 때문이다(고전 3:10-12). 따라서 결과에 대한 의심이 있을 수밖에 없다. 모두가 함께 협력하고, 모든 것이 잘되길 바라지만, 그럼에도 경고의 필요성이 있다. 따라서 베드로의 서신과 히브리서에는 차이점이 있다. 즉 개인들의 끝까지 견디는 것과 뒤로 물러가 침륜에 빠질 가능성의 문제다. (여기에 교회는 해당되지 않는다.) 반면 고린도전후서는 교회에 대한 하나님의 관점을 충분히 고려하고 있으며, 지상에 있는 교회의 문제를 완전하게 밝히고 있다. 교회는 하나님이 지으신 대로 거기에 존재하고 있지만, 책임의 문제와 인간의 역할이 개입되어 있다. 그에 대한 결과는 예견되어 있긴 하지만 예언적으로 진술된 것은 아니다. 예언적인 측면은 데살로니가전후서, 디모데전후서 등에 있다. (로마서 11장에서 다루고 있는 약속의 나무는 교회의 교리를 다루고 있지 않다는 점을 염두에 둘 필요가 있다.) 고린도전서를 보면 나무와 풀과 짚이 하나님의 집을 건축하는 재료로 사용될 가능성이 있긴 하지만, 하나님이 실제로 땅 위에 세우시는 집은 "너희는…하나님의 집이니라"(고전 3:9)고 언급된 사람들로만 이루어진다.

145

　골로새서에서 우리는 로마서에 있는 것보다 더 많은 내용을 볼 수 있다. 즉 로마서에는 개인의 칭의와 주로 개인들에 대한 교리가 주를 이룬다. 반면 골로새서에서, 우리는 그리스도를 죽은 자들 가운데서 일으키신 하나님의 역사를 믿는 믿음에 의해서 우리 또한 함께 일으키심을 받는 것을 볼 수 있다. 로마서는 그리스도의 죽음에 합하여 죽는 문제를, 에베소서는 그리스도와 함께 살리심을 받는 문제를 다룬다. 만일 살리심을 받았고, 죄 사함을 받았지만, 우리 믿음이 연합으로 가지 않는다면, 하늘에 앉는 것은 다만 하나의 진리로서 바라만 볼 수밖에 없는 것에 불과하게 된다. 골로새서는 성도를 사실상 그리스도와 함께 죽고 다시 살아난 자로서, 그리스도께서 들어가신 곳을 바라보면서, 자신의 생명이 그리스도와 함께 감추어진 존재로 소개한다. 이것은 성령에 의해서 우리가 몸과 연합을 이루는 것에 관한 것이 아니라 생명에 관한 것이며, 하늘에 계신 그리스도를 나의 생명으로 삼는 것에 관한 것이다. 그리스도께서 나의 생명이시라면, 그리스도의 오심은 그리스도의 나타나심이 될 것이며, 우리 또한 그리스도와 함께 영광 중에 나타나게 될 것이다. 그리스도와 하나됨을 이루고, 그런 존재로 그리스도를 만나고, 또 영원히 그리스도와 함께 하는 자가 되는 것은 여기 골로새서에는 없다. 다만 몸과 머리의 사실은 인정되지만 사도의 가르침 속에서 그리스도인의 자리는, "너희가 죽었고 살리심을 받았으며"…"그리스도께서 앉아 계신 위의 것을 생각하라"는 것이다. 이렇게 되려면 그리스도께서 나타나시기 전에 우리가 그리스도와 함께 하고 있다는 사실이 전제되어야 하며, 그렇지 않으면 우리는 그분과 함께 나타날 수 없을 것이다. 그렇지만 이 점이 침례에 대한 가르침에 속한 부분으로 가르쳐 지고 있지는 않다. 따라서 나는 이 점에 있어서, 골로새서는 로마서보다 더 나아간 가르침이라고 말하고 싶다. 골로새서는 로마서처럼, "그대 살아 있는 죄인을 그리스도의 죽음에 합하는 침례를 베푸노니, 이제부터 그대는 자신을 죽은 자로 여기고, 따라서 이 세상에서 새 생명 가운데서 행하라"(롬 6:4 참조)는 것이 아니라, "침례로 그리스도와 함께 장사되었고, 죄 사함을 받은 자로서 그리스도와 함께 일으키심을 받았노라…그러므로 너희 생명이신 그리스도께서 앉아 계신 곳을 바라보라"(골 2:12, 3:1-3 참조)는 것이다. 여기서 장사되었다는 말은 죄인의 옛 상태가 완전히 종결되었다는 뜻을 가지고 있다. 따라서 그는 새로운 실상, 즉 자신을 죽은 자들 가운데서 그리스도를 일으키신 하나님의 역사를 믿음으로 말미암아 함께 일으키심을 받은 사람으로 보게 된다. 이것은 로마서에서처럼, 책임의 문제가 아니라, 참 그리스도인에 대한 설명이며, 참 그리스도인이 들어간 자리가 무엇인지를 설명하는 것이다. 이것은 단지 신앙고백에 의해서 되는 것도 아니고, 외적인 예식과 규례에 참여함으로써 되는 것이 아니라 그와는 대조적으로 내적인 믿음에 의해서 들어갈 수 있는 것이다. 이것은 "죽음에 합하는" 것으로 되는 것이 아니라, 모든 죄들이 사함을 받았기에 "함께 일으키심을 받음으로써" 되는 것이다. 그들은 예수 그리스도 안에서 신실한 자들이었다.

146

로마서에서, 침례는 이전 삶과 현재 개인의 책임과 연결되어 있다. 고린도전서를 보면, 침례는 이 세상에서 공동체에 입회하는 공개적인 자리이며, 그리스도를 주로 고백하는 자리다. 골로새서에서 침례는 그리스도 예수 안에서 신실한 자들이 그리스도 안에서 자신의 자리에 들어가는 것이 무엇인지를 보여주고 있는데, 이처럼 그리스도 안에 있는 자리에 들어가는 것은 침례에 의해서 표현되는 예식과도 구분된다. 그들은 손으로 하지 아니한 할례, 곧 그리스도의 할례를 받았다. 이것은 침례보다 더 강력한 상징이었다. 사실 침례는 그들이 죽었고, 장사지낸바 되었으며, 장사된 상태에서 일어나는 것을 통해서 표현된 것처럼, 그리스도를 죽은 자들 가운데서 일으키신 하나님의 권능을 믿는 믿음을 통해서 그들도 그리스도와 함께 일으킴을 받았다. 그럼에도 그들은 세상에 있다. 그들의 마음은 땅에 있는 것에 두면 아니 되었고, 그들의 생명이신 그리스도께서 계신 곳, 하늘에 있는 것에 두어야 했다. 그렇지만 여기에도 침례가 가지고 있는 한계는 있다. 즉 "믿음(by faith)"이 개입되지 않으면, 그리스도와 함께 하는 자가 될 수 없기 때문이다.

이제 에베소서를 보면, 에베소서는 골로새서에서 말하는 침례의 측면을 건들기는 하지만, 거기서 완전히 벗어나 새로운 측면을 다룬다. 에베소서는 살아 있는 죄인이 죽는 것이 아니라 이미 허물과 죄로 죽었던 죄인이 다시 살리심을 받음으로써 새로운 피조물이 되고 하나님의 만드신 바가 된다. 그러므로 에베소서에서 우리는 죄에 대하여 죽거나, "주도 한 분이시요 믿음도 하나이요 세례도 하나이요"라는 신앙고백과 연결되어 있는 점을 제외하면, 침례에 대한 언급을 찾아볼 수 없다. 몸과 성령과 소망은 함께 간다. 이는 우리가 "다 한 성령으로 세례를 받아 한 몸이 되었으며"(고전 12:13), 그 능력에 의해서 소망의 풍성함에 이르렀기 때문이다. 이런 것이 여기에 나타난 우리의 공통적인 신앙고백이다. 골로새서에서 우리는 칭의에 대한 교훈을 볼 수 없지만, 우리는 그리스도 안에서 완결되었음을 볼 수 있다. 따라서 우리는 위엣 것을 바라보아야 한다. 에베소서에서도 칭의에 대한 교훈을 볼 수 없지만, 우리는 그리스도 안에서 하늘에 앉아 있으며, 우리는 범사에 그리스도에게까지 자라서, "그리스도의 장성한 분량이 충만한 데까지" 이르러야 하며, 그리스도 안에서 제시된 본보기를 따라서 하나님의 빛과 사랑의 성품을 나타낼 수 있어야 함을 볼 수 있다.

우리가 무언가에 대해서 죽을 필요도 없었기 때문에, 침례는 그런 식으로 소개되고 있지 않다.

이제 홍해를 살펴보자. 홍해는 가나안으로 가는 길을 연 것 외에는 아무 의미가 없다. 우리를 위한 구속과 모형적인 측면에서 최종 목적지로서 하늘을 보여주었을 뿐이다. 이스라엘에겐 땅의 축복이 최종 목적지였다. 따라서 출애굽기 3장과 6장을 보면, 광야에 대한 언급이 없다. 가나안이 목적지였고, 광야는 그저 통과해야 하는 길이었을 뿐이다. 따라서 이런 의미에서 홍해와 요단강은 합쳐질 수 있으며, 심지어 땅에 대한 심판도 홍해에서 완료되었다. 하지만 우리가 우리 속에서 일하시고 또 우리와 함께 하시는 하나님의 섭리와 다루심이란 주제를 생각해보면, 홍해와 요단강 사이의 차이점은 엄청나게 많다. 홍해에서는 언약궤에 대한 언급이 없고, 제사장의 발이 요단강 물에 닿은 일도 없었으며, 마치 사망의 권세가 사라져버린 듯 했는데, 이는 죽음에 대한 경험이 필요치 않았기 때문이다. 홍해에서 하나님은 권능으로 해방의 역사를 이루셨다. 즉 하나님이 지팡이로 바다를 내리치셨고, 백성들은 해방을 받을 수 있었다. 그런 것이 구속의 역사였다. 그들은 독수리의 날개로 업어 하나님에게로 인도되었으며, 구속함을 받은 백성으로서 하나님의 힘에 의해서 하나님의 거룩한 처소로 인도되었다. 그들은 그렇게 종노릇하던 자리를 떠날 수 있었다. 그리고 그들은 요단강을 건넘으로써 약속의 장소로 들어갔다. 언약궤가 그들 앞서 갔다. 즉 그리스도께서 죽음 속으로 앞서 가신 것이다. 신성한 권능으로 죽음의 강물을 마르게 하셨기 때문에, 우리도 통과할 수 있게 되었다. 이 길은 지금까지 우리 발로 건널 수 없는 길이었고, 자연인으로선 할 수 없는 일이었다. "내가 가는 곳에 너희가 지금은 따라올 수 없으나 후에는 따라 오리라."(요 13:36) 그러므로 나의 죽음을 믿음으로 받아들인 사람은 이집트 생활 뿐만 아니라, 광야 생활까지 끝낸 사람들이다. 이제 더 이상 광야와 만나와 구름으로 인도하는 일과 광야의 공급도 끝났다. 따라서 요단강은 우리를 에베소서가 말하는 자리, 즉 "그리스도 안에서 함께 하늘에 앉는 자리"로 들어가게 해준다. 이것은 연합을 말하는 것이 아니라, 연합을 통해서 우리가 하늘의 자리에 들어가는 것을 가리키며, 이 일은 성령 세례를 통해서 된다. 따라서 차이점은 에베소서 6장 12절에서 나타난다.

147

이미 말했지만, 골로새서는 이런 지위에 들어가는 것을 중요하게 생각한다. 그래서 골로새서는 "너희도 그 안에서 완결되었으니"(골 2:10, KJV 직역)라고 말하며, "손으로 하지 아니한 할례 곧 그리스도의 할례"(골 2:11)를 받았다고 말한다. 로마서에서는 이 사람들을 가리켜 "그리스도 안에 있는 자들"이라고 부른다. 이로써 우리는 경험적인 광야생활에 들어가게 된다. 그 결과, 에베소서에는 바라는 소망의 형태로 몇 가지 특권들이 소개되고 있다. 예를 들어, 믿음으로 그리스도께서 우리 마음에 거하시게 하는 것이나, 능히 대적하고 서기 위해서 전신 갑주를 입는 것 등등이 있다. 하지만 우리 자리(place)에 대해선 "만일(if)"이 없다. 우리는 침례를 통해서 일으켜진 것이 아니라, "하나님이 우리를 사랑하신 그 큰 사랑을 인하여"(엡 2:4) 하나님이 그리스도를 일으키실 때 우리를 그리스도 함께 일으키셨고, 우리는 그리스도와 함께 하늘에 앉힌바 되었다. 이것은 "만일(if)"이 아니다. 오히려 하나님의 영께서는 우리를 구속의 날까지 인치셨다.

침례는 죽음과 부활에 의한 구속을 믿는 믿음의 토대 위에서, 마침내 책임 있는 자리로 안내한다. 따라서 고린도전서 10장을 보면, 누군가 진리를 전파하고, 성례(침례와 만찬)에 참여하고도, 버림을 받으며, 광야에서 멸망을 당할 수가 있음을 볼 수 있다.

영생을 선물로 받고 또 성령으로 인침을 받는 일은 사람으로 하여금 자신을 그리스도 안에 있는 자로 인식하게 해주며, 지금 하늘에 앉아 있는 그리스도와 하나가 되게 해주며, 조만간 그리스도의 형상을 닮고 그리스도와 함께 하게 될 것이라는 소망을 품게 해준다. 여기에 믿음의 완전한 확신과 "그리스도 안에 있는 자가 되었다"는 확신이 있다. 우리는 영생을 가진 사람이며, 영원한 구속을 얻었고, 하나님의 상속자요 또한 그리스도와 함께 하는 상속자가 되었다는 확신이 있다. 사실상 우리는 여기 이 땅에서 주어진 믿음과 소망을 가지고서, 소망하는 것들을 향해서 순례의 길을 걸어가고 있다. 이 순례의 길은 구속의 토대 위에 서서, 광야를 통과하는 일이다. 책임의 토대 위에서 광야를 통과하는 것은 "어떻게 해서든지"

목적지에 도달해야 하는 일이며, 우리를 위해서 예비된 기업을 얻기 위해서 믿음으로 말미암아 능력으로 보호하심을 받아야 할 뿐만 아니라 믿음으로 약속을 굳게 붙잡아야 하는 일이다. 참 신자는 확실히 보호하심을 받을 것이며, 착한 일을 시작하신 이가 예수 그리스도의 날까지 이 일을 이루실 것이지만, 그럼에도 푯대를 향하여 달음질하고, 인내하면서, 믿음으로 행하고, 뒤로 물러가 침륜에 빠지지 말아야 한다. 우리는 오직 그리스도 예수께 잡힌 바 된 그것을 잡으려고 달려가야 하며, 그 결과는 영광에 들어가는 것이다. 우리는 아직 그것을 얻은 것도 아니고 온전히 이룬 것도 아니다. 다만 광야를 통과하는 중에 있다. 빌립보서에는 이 점에 대해서 매우 실천적인 교훈으로 가득하다. 그러므로 우리가 이미 살펴본 것처럼, 모든 것이 땅과 관련되어 있으며, 게다가 홍해에서 심판이 있었다. 하지만 요단강에서 심판은 없었다. 요단강을 건너자마자 권능과 전쟁과 통치가 뒤따랐다. 요단강을 건넌 후 여리고와 길갈과 유월절과 그 땅의 소산물이 있었다.

148

요단강은 어떤 의미에선 홍해에 대한 보충이자 반복이다. 두 경우 모두 죽음과 연결되어 있다. 로마서 3장 20절부터 5장 11절까지, 그리고 로마서 5장 12절에서 로마서 8장까지 모두 죽음과 연결되어 있다. 그리스도의 죽음에 연합하고 그리스도의 부활에도 연합함으로써, 우리는 승천하신 그리스도와의 연합을 이루게 되고, 그 결과 권능의 자리에 들어간다.

이것은 고린도전후서를 매우 중요하게 만든다. 왜냐하면 신앙고백을 했고, 교회로 함께 모이고 있기 때문이다. 하나님의 교회는 곧 "우리의 주 되신 예수 그리스도의 이름을 부르는 모든 자들"로 구성되어 있으며, "주도

한 분이시요 믿음도 하나이요 세례도 하나"라는 공통된 신앙고백을 가지고 있다. 이어서 교회가 몸으로서 다루어지고 있다. 그들 모두가 외적인 성례에 참여하고 있지만, 멸망하는 사람이 있을 수 있다. 따라서 하나님의 집은 나무, 짚, 풀이라는 재료로 건축될 수가 있다. 이런 것이 지상에 있는 교회였고, 어쨌든 교회는 그러한 특권을 가지고 있다고 여겼지만, 과정 가운데 있었고, "주께서 너희를 우리 주 예수 그리스도의 날에 책망할 것이 없는 자로 끝까지 견고하게 하시리라"(고전 1:8)는 약속 위에 있었다. 그들은 사실상 육신적이었지만, (거듭난 일이 없는) 자연인으로 취급받지는 않았다. 이런 특징을 띠고 있었던 그들은 고린도전서 10장에서처럼, "넘어질까 조심하라"(12절)는 경고가 필요했다. 그들은 하나님의 집(고전 3:9)이긴 했지만, 나무나 짚이나 풀로 건축될 수 있었다. 게다가 그들은 하나님의 성전이었지만 누군가 하나님의 성전을 더럽힐 수도 있었다. 그들의 몸은 그리스도의 지체였으며 또한 성령의 전이었지만 범죄한 사람은 사탄에게 넘겨질 수도 있었다. 그래서 사도 바울은 "믿음이 약한 형제가 멸망"할 수 있기에(고전 8:11), "형제를 네 음식으로 망하게 하지 말라"(롬 14:15)고 말해야 했다. 그렇지만 주님은 반드시 자기 사람들을 지키실 것이다. 따라서 주님은 고린도전서 1장에서 이러한 일들을 예견하시면서, 고린도에 있는 그리스도인들에게, 이 세상에 있는 동안 그리스도에게 합당한 사람임을 스스로 입증하라고 말씀하셨다. 그리고 다시 "너희도 상을 받도록 이와 같이 달음질하라"(고전 9:24)고 말씀하시면서, 설교자가 버림을 당하고, 성례(침례와 만찬)에 참여한 자도 멸망을 당할 수 있으며, 악에 대해 깨어 있을 것과 자기를 쳐서 복종시킬 것에 대해서 교훈했다. 뿐만 아니라 복음을 전하고, 성례의 특권에 참여하는 일 뿐만 아니라, 개인의 삶과 그 열매의 중요성에 대해서도 교훈했다. 그렇지만 바로 고린도전서 11장에서 그들은 모두 한 몸으로 취급되었다. "우리가 판단을 받는 것은 주께 징계를 받는 것이니 이는 우리로 세상과 함께 정죄함을 받지 않게 하려 하심이라."(고전 11:32) 그리고 12장에서 "만일 한 지체가 고통을 받으면 모든 지체가 함께 고통을 받고"(고전 12:26)라고 말했다. 그리스도의 몸이란 주제는 고린도전서 10장 15절 이후에 다루어지는 것으로 보이지만, 여기서 사람들은 능력 행함의 은사를 가지고 있을 수도 있고, 없을 수도 있다. 고린도전서 15장은 별개의 주제를 다룬다. 이 모든 것은 교회에 대한 교훈으로서 매우 중요하다. 그 원칙이 명확할지라도 좀 더 자세히 살펴볼 필요가 있다.

149

에베소서 4장 4절은 고린도전서 12장의 토대를 취한다. 다만 그 자체로 볼 때, 더 단순하게 표현하고 있다. 에베소서 4장 5절은 고린도전서 1장 2절을 근거로 하고 있다. 어떤 면에서 골로새서는 에베소서보다 로마서에 더 가깝다. 왜냐하면 골로새서에서 우리는 "너희가 전에 그 가운데 살 때에는 그 가운데서 행하였던"(골 3:7) (육신적인) 생명의 상태에 대해서 죽음을 당하였기 때문이다. 따라서 우리는 죽음 속으로 장사되었다. 에베소서 1장 끝부분에 이어 에베소서 2장을 보면, 우리는 죽어 있었고, 그리스도께서 그 죽음의 자리에 들어오심으로써, 우리는 그리스도 안에서 연합을 이루게 되었고, 그리스도 안에 있는 자가 된 것을 볼 수 있다. 이것은 그저 소망이 아니다. 이런 것이 요단강이 주는 교훈이다. 즉 그리스도께서 죽음의 자리에 오셨고, 그 사망의 권세를 파괴하심으로써, 그 결과 그리스도께서 들어가신 하늘에서 그리스도와의 연합을 이룰 수 있게 된 것이다. 우리의 생명이 그리스도와 함께 하나님 안에 감추어지는 일은 소망이 아니다. 우리는 그리스도 안에서 이미 천상세계에 앉아 있다.

골로새서를 보면, 우리는 그리스도와 함께 일으킴을 받았지만, 거기서 멈춘다. 그래서 골로새서 1장과 2장을 보면, 그리스도 안에 있는 것이 무엇을 의미하는지에 대한 것 외에 더 많은 내용이 소개되고 있다. "그리스도는 죽은 자들 가운데서 먼저 나신 분(the firstborn)이시다." (골 1:18) 만일 우리가 일으킴을 받았다면, 이것은 하나 됨과 지위의 문제가 아니라, 그리스도를 일으키신 하나님의 역사를 믿는 믿음의 문제다. 지금까지 관찰해온 바에 따르면, 이것은 성령이 아니라 생명에 대한 것이다. 우리는 그리스도 안에 있는 자가 되었을 뿐만 아니라 그리스도와 함께 다시 살리심을 받은 자가 되었다.

고린도전서와 에베소서의 대조적인 측면은, 내가 이해하기론, 목적에서 차이가 난다. 에베소서에서 우리는 거룩하고 신실한 형제들을 볼 수 있고, 그 다음은 "만물 위에 교회의 머리"(엡 1:22)를 볼 수 있다. 그리고 그들이 어떻게 그리스도 안에서 새로운 피조물이 되었는지를 보게 되며, 하나님의 집의 하나됨이 소개되고 있다. 이 하나님의 집은 유대교를 대체하였다. 하나님에 의해서 대체되었으며, 성령 안에서 하나님이 거하실 처소로서 궁극적인 상태를 보여준 다음, 성령 안에서 하나님의 거하실 처소가 되기 위하여 하나님에 의해서 현재 지어져 가고 있음을 보여준다. 에베소서 4장에서 우리는 부수적으로 세 가지 하나됨을 볼 수 있는데, 곧 성령과 몸, 주님과 신앙고백, 하나님과 아버지께서 만유 안에 계시고 또 우리 안에도 있음을 볼 수 있다. 고린도전서에서 이것은 고린도에 있는 지역 교회라는 외적인 문제였으며, 어쩌면 "주의 이름을 부르는 모든 자들" 가운데에는 거듭나지 않은 사람들이 혼재되어 있을 수도 있었다. 이런 것은 입술의 신앙고백을 따라서 침례를 주었을 때에 일어날 수 있는 문제다. 고린도전서 12장에서 우리는 성령의 은사와 은사 사용과 연결되어 있는 주제를 볼 수 있으며,

여기 이 세상에 임하신 한 분 성령과 교회가 그리스도의 몸으로 여겨지고 있다. 이렇게 지역교회는 이 세상의 각 지역에서, 대표성을 띠고 서있다.

150

"하나님의 교회 곧 … 성도라 부르심을 받은 자들"과 그저 "예수 그리스도의 이름을 부르는 모든 자들"은 분명히 구분되어야 한다. 거듭난 일이 없는 사람도 여기에 얼마든지 서로 혼합되어 있을 수 있기에, 성도로 부르심을 받은 사람들만 하나님의 교회에 속한다는 사실을 명심해야 한다. "예수 그리스도의 이름을 부르는 모든 자들"이란 말은 입술의 신앙고백을 가리킨다. 이 사실은 고린도전서 12장을 매우 실제적인 가르침으로 만든다. 사도 바울은 고린도전서 10장 15절에서 이 점을 암시하듯 말했지만, 고린도전서 12장에서 그에 대한 가르침을 주고 있다. 나는 이런 점에서 고린도전서 10장이 매우 특이하다고 생각한다. 우리는 성례를 외적인 규례로서 가지고 있지만, 이 성례에 참여하는 사람도 잃어버린바 될 수 있다는 가정과 가능성을 가지고 있다. 우리가 살펴본 대로, 그런 것이 고린도전서의 특징이며, 신앙고백을 통해서 지상에 설립된 교회의 실상이며, 따라서 책임이 수반된다. 여기서 책임이란 16,17절이 의도하고 있는 것에 대한 실제성과 우리가 진정 그리스도의 몸에 참여하였는지, 그리고 우리가 그 몸에 참여한 자로서 머리를 붙들고 있는지에 대한 우리의 책임의 문제 등을 가리킨다. 우리는 이러한 것들이 얼마나 실제적인 것인지 알고 있을 뿐만 아니라, 이것은 우리가 들어간 지위, 즉 이 세상에서 참 교회의 지위가 무엇인지에 대해서 매우 큰 교훈을 준다. 외적인 성례와 교회에 속한 특권들을 누리는 일(로마서 11장 17절과 비교해보라. 이 구절은 교회에 대한 것은 아니지만 원칙적으로 같은 것을 말하고 있다.)은 고린도전서 10장 16,17절에 나타나 있다. 지혜로운 사람들은 이 점을 늘 생각해야 한다.

내 생각에는 침례에 관한 견해에 약간씩 진보가 있어 왔지만, 사실 침례가 기독교 예식으로 시작되었다기 보기 어려운, 매우 특이한 토대를 가지고 있다. 세례 요한이 회개의 침례를 전파하였고, 그는 자기 뒤에 오시는 이를 믿으라고 말하면서 그 길을 예비하였다. 하지만 요한의 일은 이스라엘 백성이 서 있는 위치에서, 그들로 하여금 회개하라고 외침으로써 사실상 그리스도를 영접할 남은 자들을 형성하는 것이었다. 침례 받은 사람들에게 죄들의 사면이 약속되었다. 요한이 회개를 전파했고, 그들은 그렇게 회개의 침례를 받았으며, 메시아, 곧 땅에서 죄들을 사하는 권세를 가지신 인자를 영접할 준비를 했다. 베드로가 설교하면서, 거절당하셨으나 하늘 높이 오르셨고 또한 주와 그리스도가 되신 예수를 전파했을 때에는, 회개를 요구하지 않았다. 하지만 그들이 마음에 찔

림을 받았을 때, 그는 그들을 향해 회개하라고 말했다. 여기서 침례는 죄들의 사면을 주는 것이었다. 왜냐하면 완전한 죄 사함을 줄 수 있는 사역이 이미 이루어졌기 때문이다. 그들은 죄들의 사면을 받게 해주는 침례를 받았다. 인간에게 회개는 항상 필요했다. 요한은 회개의 침례를 베푸는 것을 그의 사명으로 받았으며, 모든 죄들을 사면받는 일은 그 후에 오시는 이의 일이었다.

151

요한이 베풀었던 침례는 회개의 침례였다. 이제 침례를 받은 사람들에게 죄들의 사면이 제공되었다. 반면 바울은 새로운 사명을 받았다. 바울은 약속을 받은 이스라엘 백성들 가운데서 사역하지 않았고, 오히려 거기서 영혼들을 불러내어 회개시키는 사역을 했다. 그들은 패역한 그 민족으로부터 분리되어 나올 때 사면을 받게 될 것이다. 그는 유대인일지라도 그저 한 사람으로 여기고, 그를 빛 가운데 거하시는 하나님 앞으로 인도하는 일을 했다. 그는 이스라엘 사람들과 또 그가 보내심을 받은 이방인들에게서 사람을 온전히 건져내어서, 오직 영광을 받으신 그리스도에게만 속하도록 하고, 사람들의 눈을 뜨게 하여 어둠에서 빛으로, 사탄의 권세에서 하나님께로 돌아오게 하고, 그들로 그들이 지은 모든 죄들을 사면 받게 함으로써, "나를 믿는 믿음에 의해서 성화된 무리들 가운데서 기업을 얻게"(행 26:18) 하고자 했다. 바울은 침례를 베풀도록 보내심을 받지 않았다(고전 1:17). 그는 어디든지 사람들을 불러 회개하고 하나님께로 돌아가게 했다. 왜냐하면 이것이야말로 그의 사역의 본질이었기 때문이다. 그렇지만 그의 사역은 침례를 베푸는 형식으로 제시되지는 않았다. 다만 우리가 이미 있는 자리에서 자신을 판단하게 하고, 거기에 합당하지 못한 불일치성을 깨닫게 하고, 이스라엘에게 제시되었던 율법과 그리스도의 이점들을 생각하게 함으로써 자기 정죄에 도달하게 했으며, 인간의 소경된 상태에서 눈을 뜨게 해주고 사탄의 권세에서 해방시켜줌으로써, 하나님께로 돌아오게 하고, 그들의 모든 죄들을 사면받게 했으며, 그리스도를 믿는 믿음에 의해서 기업을 얻게 했다. 그는 이 일을 처음에는 다메섹에서 했고, 다음에는 유대에서, 다음에는 이방 사람들에게 했으며, 가는 곳마다 사람들을 불러 회개하게 했으며, 하나님께로 돌아오게 했다. 그렇지만 이방인들을 대상으로 했을 때에는, 심지어 증언할 때에도, 완전히 새로운 방식으로 했으며, 거기에 침례는 핵심 요소가 아니었다. 침례는 세례 요한의 사역, 그 이상의 의미는 없었다. 그리고 그는 우리에게 "그리스도께서 나를 보내심은 세례를 베풀게 하려 하심이 아니요"(고전 1:17)라고 말했다. 그럼에도 침례는 계속되었다. 따라서 침례는 기독교적 계명에 속한 것이기 보다는 관례적 실천의 문제였다. 이런 것이 우리가 성경에서 발견하는 내용이다.

우리는 침례와 열두 사도들의 사명이 서로 연결되어 있으며, 이방인들에게 침례를 주라고 언급된 것을 볼 수 있지만, 거기에 회개나 죄의 사면에 대한 내용은 볼 수 없다(마 28:19). 지상대명령은 단순히 모든 이방인들을 제자로 삼고, 침례를 주고, 그리고 나서 그들을 가르치라는 것이었다. 누가복음에 있는 지침을 보면, 거기엔 회개와 죄들의 사면이 있다(눅 24:47). 마가복음을 보면, 구원은 믿고 침례를 받은 사람에게 주어진다(막 16:16). 만일 그렇게 하지 않는 사람은 그것을 참된 것으로 믿고 그리스도인이 되는 것을 거절하는 것이다(막 16:16). 의심의 여지없이, 말씀을 받은 사람들은 침례를 받았고, 이방인들도 마찬가지였다. 이것은 역사적으로 입증된 사실이지만, 침례를 주는 의미가 근본적으로 바뀌었고, 나중에는 이방인들을 대상으로 하는 선교에서 아예 침례가 빠지게 되었다. 침례는 결코 유대인들에게 공식적인 것이 아니었지만, 유대인들의 관습과 성령의 권위에 의해서 도입되었고 세례 요한과 사도들, 그리고 모든 사람들에 의해서 시행되었다. 침례는 처음엔 죄 사함을 받게 하기 위한 회개의 의미였고, 그리고 나서 성령을 받기 위한 죄 사함의 의미였으며, 그리고 나서 그 의미가 더욱 확대되었다. 즉 그리스도와 합하는 침례를 받은 많은 사람들이 그리스도의 죽으심에 합하고, 그리스도의 죽으심과 같은 모양으로 심겨지는 의미를 갖게 되었고, 심지어 그리스도로 옷을 입는 데까지 나아가게 되었으며, 여기엔 유대인이나 이방인이나 차별이 없었다. 침례는 계속되었고, 사람들이 침례에 담긴 진리를 받아들이는 형태로 진행되었다. 분명 의무 사항으로 실행된 것은 아니었지만, 그럼에도 그리스도로 옷 입음으로써 공개적으로 그리스도인이 되는 예식으로 진행되었다는 점에 주목하라. 나는 바울이 그들에게 침례를 받도록 명했다고 생각하지는 않지만, 그들은 침례를 받았고, 바울 자신도 직접 침례를 주었다(고전 1:14).

152

구원은 본질적으로 부활 안에 있다. 물론 그리스도의 죽음을 통해서 확보되었다. 하나님의 경륜에 따르면, 그리스도와 함께 살리심을 받은 자들이 하늘에 앉아 있다. 부활은 새로운 상태(estate)다. 하나님은 "우리를 그리스도와 함께 살리셨고 (너희는 은혜로 구원을 받은 것이라)."(엡 2:5) 그렇다면 열매가 맺히고, 하나님의 계획들이 이루어질 것이다. 따라서 로마서에서 우리는 의롭다 함을 받고, 의의 병기로 우리 자신을 하나님께 바친다. 주님은 부활하신 이후에야 "내 아버지 곧 너희 아버지, 내 하나님 곧 너희 하나님께로 올라간다"(요 20:17)고 말씀하실 수 있으셨다.

하나님의 계획은 우리를 개인적으로 하늘의 자리에 들어가게 하고, 그 뿐 아니라 그리스도의 몸의 지체로서 유대인과 이방인을 함께 일으키심으로써 실질적으로 그리스도의 몸을 이루는 것이었다. 우리가 그리스도와 함께 살리심을 받았다는 것은, 전에는 허물과 죄 가운데 죽어 있었으나, 이제는 다시 살리심을 받았다는 뜻이다. 이것이야말로 새로운 피조물이며, 완전히 새로운 자리이며 또한 구원이 이루어지는 자리다.

로마서는 더 뒤로 돌아가는데, 그리스도 안에서 우리가 죄에 대하여 죽었음을 설명한다. 골로새서는 이 점을 실천적으로 발전시키지만, 로마서는 생명과 본성의 측면에서 발전시킨다. 따라서 로마서에서 우리는 죄에 대하여 죽고 또 부활하신 그리스도로 말미암아 살아나게 되며, 실제적인 능력으로 자유를 얻는다. 하지만 그리스도 안에 있는 사람이 되고 또 몸의 지체가 되는 것은, 그리스도인의 공통적인 지식으로 인식되고 있기는 하지만, 로마서의 가르침에는 포함되어 있지 않다. 로마서는 죄인이 그리스도의 피 흘리심과 부활을 통해서 의롭다 함을 받는 것이 핵심주제다. 골로새서와 에베소서의 주제는 새로운 피조물이다. 이 새로운 피조물이 되는 일은 하나님의 은혜의 경륜에 속한 일로서, 여기에는 칭의(justification)와 하나님의 의(righteousness)를 받는 일이 이미 포함되어 있다. 따라서 그리스도의 부활은 로마서에서는 생명의 칭의를, 골로새서와 에베소에서는 그리스도와 함께 다시 살리심을 받는 역사의 원동력이다. 골로새서에서 그리스도와 함께 일으킴을 받는 일은 에베소서의 핵심 주제인 우리가 하늘에서 신령한 복을 받은 자가 되고, 또 그리스도의 몸의 지체가 되는 것과 동일한 계획과 사역이다.

153

그리스도의 죽음의 효력을 적용받은 후, 부활은 우리를 깨끗하게 해주고 또 새 생명 안에 있는 새로운 자리에 넣어준다. 부활이 우리를 구원한다. 우리는 죄에 대하여 죽었고, 하나님께 대하여 살았다. 부활의 본질은 다시 살리심을 받는데 있다. "죽은 자 가운데서 부활에 이르는" 것이다. 우리가 그리스도와 함께 살리심을 받았다는 것은 우리 또한 그리스도와 동일한 영광으로 나타나게 되는 것을 가리킨다. 침례와 관련하여 우리가 그리스도와 함께 일으키심을 받았다는 것은 골로새서 2장에서만 볼 수 있다.

침례에 관해서 주목해야 할 부분은, 예수의 이름으로 침례를 받는 데에는 *en(in)* 또는 *epi(on)*가 사용되었지만, 아버지와 아들과 성령의 이름으로 침례를 받는 경우는 *eis(to)*가 사용되었다. 여기에도 예외는 있는데, 즉 사도행전 8장 16절은 "주 예수의 이름으로(to)" 침례를 받았다고 말하고 있다.

| 1장 요약 |

침례는 요단강이 아니라 홍해에서 치러진다. 침례는 우리를 광야의 삶으로 안내한다. 홍해를 건너는 일은 하늘에 속한 자가 되게 해주지 않는다. 요단강을 건널 때에야 비로소 하늘에 속한 자가 된다.

이스라엘 백성들은 이집트에서는 죄인이었기 때문에 유월절 어린양의 피를 통해서 하나님의 심판을 충족시킬 필요가 있었다. 홍해를 건넘으로써 전에 이집트에서 서있던 신분에서 벗어나게 되었다. 이로써 구속이 완결되었다. 이스라엘 백성들은 모세에게 속하여 침례를 받았지만, 모세 자신 뿐만 아니라 많은 이스라엘 백성들이 가나안에 들어가지 못했다. 광야는 가나안에 도착하기까지 책임을 시험하는 장소다. 요단강은 한 마디로 나 자신의 죽음을 가리킨다. 더 이상 이 세상에 속하기를 끝내고서, 하늘의 자리에 들어가 하늘에 속한 자로서, 승천하신 그리스도와 함께 하늘에 앉는 것을 뜻한다. 홍해는 구속과 해방의 완결로서 죽음을 가리키며, 우리로 하여금 이 세상에서 하나님을 향해 살아있는 자가 되게 해준다. 반면 요단강은 거기에 대해서도 죽고, 그리스도와의 연합된 자로서 천상세계를 상징하는 가나안으로 들어가는 것을 의미한다.

침례는 그리스도의 죽음에 의해서 확보된 구속의 역사에 터 잡고 있다. 나는 침례를 통해서 그리스도의 죽으심과 합하게 되었고, 그리스도의 죽음에 참여하게 되었음을 고백하며(롬 6:3), 따라서 새 생명 가운데서 새 삶을 살도록 부르심을 받았음을 공적으로 선언한다. 나는 나 자신을 죽은 자로 여기며, 정말 그렇다면 그리스도의 부활과 같은 모양으로 연합한 자가 될 것이다. 로마서에서 침례는 결코 우리를 이 세상에서 벗어나게 해주는 것이 아니라, 다만 새 생명에 의해서 우리를 책임의 지위에 들어가게 해준다. 그렇지만 여기 로마서에선 그리스도와 함께 살아나는 것은 전혀 언급되고 있지 않다.

에베소서는 침례를 전혀 다른 시각으로 본다. 우리는 로마서에서처럼 죽고자 할 필요도 없고, 죄 안에서 살아있는 자로서 죽으려고 애쓸 필요도 없다. 왜냐하면 허물과 죄로 이미 죽어 있었기 때문이다. 그래서 에베소서는 우리를 그리스도와 함께 살리심을 받았고, 함께 일으킴을 받은 존재로 소개한다. 이로써 우리는 새로운 피조물이 된다. 우리는 하나님이 그리스도 안에서 새로이 창조하신, 하나님의 새로운 피조물이며, 그 결과 그리스도와 우리는 함께 새로운 자리(new place)에 앉도록 일으킴을 받는다.

골로새서는 로마서와 에베소서, 이 둘 사이에 있다. 우리는 침례로 그리스도와 함께 장사한 바 되고 또 죽은 자들 가운데서 그를 일으키신 하나님의 역사를 믿음으로 말미암아 그리스도와 함께 일으키심을 받았으며, 우리가 지은 죄들 때문에 죽어있던 우리를 하나님이 그리스도와 함께 살리셨으며, 우리의 모든 죄들을 사해주셨다(골 2:12,13). 그러므로 우리는 이제 하늘에 계신 그리스도를 나의 생명으로 소유한다. 우리 생명이신 그리스도께서 나타나실 그 때에 우리 또한 그리스도와 함께 영광 중에 나타나게 될 것이다.

고린도전서를 보면, 침례는 이 세상에서 신앙공동체에 가입하는 공개적인 자리이며, 그리스도를 주로 고백하는 자리이다. 고린도전서는 하나님의 교회가 "우리의 주 되신 예수 그리스도의 이름을 부르는 모든 자들"로 이루어져 있기 때문에, 거듭난 일이 없는 사람도 지역교회의 일원이 될 수 있다. 따라서 개인들은 끝까지 견디는 것과 뒤로 물러가 침륜에 빠질 가능성이 모두 있었다. 각 사람은 자기 믿음의 진실성과 신실함을 입증해야 했다. 따라서 누군가 진리를 전파하고, 성례(침례와 만찬)에 참여하고도 버림을 받으며, 광야에서 멸망을 당할 수가 있음을 볼 수 있다.

요한이 베풀었던 침례는 회개의 침례였다. 침례는 처음엔 죄 사함을 받게 하기 위한 회개의 의미였고, 그리고 나서 성령을 받기 위한 죄 사함의 의미였으며, 그리고 나서 그 의미가 더욱 확대되었다. 즉 그리스도와 합하는 침례를 받은 많은 사람들이 그리스도의 죽으심에 합하고, 그리스도의 죽으심과 같은 모양으로 심겨지는 의미를 갖게 되었고, 심지어 그리스도로 옷을 입는 데까지 나아가게 되었으며, 여기엔 유대인이나 이방인이나 차별이 없었다. 침례는 분명 의무 사항으로 실행된 것은 아니었지만, 그럼에도 공개적으로 그리스도인이 되는 예식으로 진행되었다. 홍해와 요단강은 둘 다 죽음을 상징하지만, 요단강만이 나의 죽음을 가리킨다. 그리스도의 죽음과 부활에 연합하는 믿음을 가질 때, 나는 부활이라고 하는 새로운 상태로 들어가게 된다.

구원은 본질적으로 부활 안에 있다. 부활은 새로운 상태(estate)다. 하나님의 계획은 우리를 개인적으로 하늘의 자리에 들어가게 하고, 그뿐 아니라 그리스도의 몸의 지체로서 유대인과 이방인을 함께 일으키심으로써 실질적으로 그리스도의 몸을 이루는 것이었다. 우리가 그리스도와 함께 살리심을 받았다는 것은, 전에는 허물과 죄 가운데 죽어 있었으나, 이제는 다시 살리심을 받았다는 뜻이다. 이것이야말로 새로운 피조물이며, 완전히 새로운 자리이며 또한 구원이 이루어지는 자리이다.

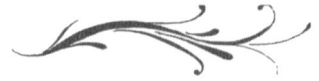

침례는 생명 전달의 의미가 없다
Baptism - not the communication of life

266

침례는 생명을 전달해주지 않는다. 골로새서 2장 12절에 따르면, 부활이 침례에 개입되어 있긴 하다. 이 사실은 *en o*(wherein, KJV 참고)의 구조에 달려있는데, 생명보다는 더 확실한 측면을 강조하고 있다. 왜냐하면 침례는 하나님에게서 멀리 떠나 있던 사람을, 하나님이 정하신 축복의 자리로 옮기는 기능을 하기 때문이다. 침례는 상징적으로 죄들을 깨끗이 씻는 것이다.

부활 또한 생명을 전달해주지 않는다. 사람들은 에베소서 2장의 내용을 공식적으로 침례와는 구분 짓는다. 에베소서 1장에서 부활을 언급할 때 그리스도께서 홀로 부활하신 것을 가리킨다. 이 부활은 우리가 그리스도와 함께 다시 살리심을 받는 것(quickening)과는 아무 상관이 없다. 만일 부활을 통해서 생명이 전달된다고 할 것 같으면, 그리스도의 부활은 그리스도께 생명을 전달하는 것이었다고 말하는 것이 되기에, 그런 표현은 매우 위험한 표현이 아닐 수 없다. 부활은 혼과 몸이 재결합하는 것이지, 생명을 주는 것이 아니다. 굳이 부활이 침례와 연결되어 있다면, 그것은 침례 받은 사람이 물 밖으로 올라오는 정도일 것이다. 오히려 침례는 죽음 또는 장사지내는 의미가 있다. 어쨌든 침례는 죽은 자들 가운데서 그리스도를 일으키신 하나님의 역사를 믿는 믿음과 연결되어 있으며, 이 사실이 반드시 침례를 행하는 행위 속에 죽음의 의미를 부여하진 않는다. 요한복음 5장 29절에서 언급한, 생명의 부활도 생명을 주는 것이 아니라, 생명을 이미 받은 사람들이 부활하게 되는 일을 가리키며, 그들이 장차 무덤에서 살아날 것을 의미한다. 부활은 죽을 몸을 다시 살리는 것이긴 하지만, 결코 영혼에게 생명을 주는 것이 아니다. 부활 속에 담긴 더욱 충만한 권능을 생각해보면, 부활은 더 많은 의미를 가지고 있다. 성도는 영광으로 일으킴을 받는다. 왜냐하면 그 속에 성령께서 내주하시기 때문이다. 반면 죄인은 심판으로 일으킴을 받는다.

나는 소위 성례전을 통한 은혜의 전달(sacramental grace)이란 사상을 전적으로 거부한다. 우리가 주의 만찬을 믿음으로 참여함으로써, 그리스도와 교통을 나누는 복을 받는다는 것에 대해서 나는 기쁘게 인정한다. 그리스도는 두 세 사람이 그분의 이름으로 모이는 곳에 함께 하실 뿐만 아니라, 그들이 그렇게 모여서 자신들에게 베풀어주신 그분의 은총을 찬송하면서, 그분의 죽음을 기념하는 특별하고도 복된 시간에도 함께 하신다. 그처럼 주님이 주권적인 선하심으로 우리를 돌보신다는 사실을 기뻐하는 가운데서 우리는 그분을 기억한다. 우리 영혼은 그분과의 사귐을 즐거워하며, 가장 탁월한 방법으로 친교를 누린다. 그렇지만 빵과 포도즙 속에 은혜가 있는 것은 아니다. 나는 빵이나 포도즙 속에 은혜가 깃들어 있다는 것을 조금도 믿지 않는다. 그러한 생각은 순전히 해로운 미신일 뿐이다. 성경에는 빵과 포도즙을 감사함으로 받는 것은 있지만, 성체 축성(consecration of elements)은 없다. 빵과 포도즙은 그리스도의 몸과 피를 상징하기 때문에, "주의 몸을 분별하는"(고전 11:29) 가운데 경건한 마음으로 성찬에 참여해야 한다. 우리가 떼는 것은 빵일 뿐, 다른 것이 아니다. 로마주의자들의 견해가 발전되어 온 역사를 참고해볼 수는 있지만, 별로 중요한 내용은 없다. 우리는 "처음부터 들었던 것"(요이

1:6)을 붙잡아야 하며, 그렇지 않으면 아들과 아버지 안에 거하지 못한다.

요한복음에서 만찬을 암시하고 있는 듯이 보이는 두 개의 장은 3장과 6장이다. 요한복음 3장과 6장은 절대적으로 주님의 만찬과는 아무 관계가 없다. 왜냐하면 그리스도를 먹는 모든 사람은 확실히 그리고 최종적으로 구원을 받는다고 확증하고 있기 때문이다. 그리스도 자신이 생명의 빵이기 때문에, 그 빵을 먹는 사람은 영생하게 될 것이다(51절). 이런 말씀은 성례와는 아무 상관이 없다. 사실 더 특별한 것은 "내 살을 먹고 내 피를 마시는 자는 영생을 가졌고 마지막 날에 내가 그를 다시 살리리라"(54절)는 것이다. 즉 다시 말해서 그 사람은 현재적으로 뿐만 아니라 최종적인 구원을 가지고 있다. 우리는 구원 얻는 믿음을 가지고 있을 뿐만 아니라 현재적인 구원을 누리게 해주는 믿음도 가지고 있다. 요한복음 3장에서 우리는 단지 하나님의 나라에 들어가게 해주는 믿음을 볼 수 있다. 생명은 하나님의 영을 통해서 주어지며, 또한 하나님의 영께서는 새 본성을 주신다. 하나님의 영으로 난 것은 영이다(which is born of the Spirit is spirit). 그렇다면 물은 무슨 역할을 하는 것인가? 에베소서 5장 26절과 요한복음 15장 3절을 보면, 물은 말씀을 가리키고 있다. 어느 경우든 물은 생명을 주는 역사와는 아무런 관련이 없다. 요한복음 3장 6절은 이 사실을 잘 보여준다. 이제 에스겔서 36장을 보라. 거기에는 이 점에 대해서 의심의 여지를 전혀 남기지 않고 있으며, 아주 명백하게 보여주고 있다. 요한복음 3장 10절과 및 12절을 보라. 이 모든 것은 땅에 속한 일이다.

이제 또 다른 장을 살펴보자. 고린도전서 10장에는 그리스도의 피와 몸에 참여하는 것을 언급하고 있다. 16절과 18절을 보면 참여함(communion, partaker)이라는 단어와 20절을 보면 교제(fellowship)라는 단어가 사용되었는데, 이것은 같은 단어다. 이 단어에 담긴 의미는 도덕적 동일성(moral identification)이다.

승격되신 그리스도와의 연합이란 진리를 생각해볼 때, 과연 사도행전 2장 33-36절이 그 주제를 언급하고 있다고 말하긴 어렵다. 나는 높임을 받으신 그리스도께서 베드로에게 권위를 부여하셨고, 성령에 의해서 "너희가 회개하여 각각 예수 그리스도의 이름으로 세례를 받고 죄 사함을 받으라 그리하면 성령의 선물을 받으리라"(행 2:38)고 말하게 하셨다는 것을 의심하지 않는다. 침례가 그리스도와의 연합을 만들어준다는 것은 있을 수 없으며, 더욱이 침례는 성령을 받는 일과도 구분되어 있다. 여기선 성령을 받는 것이 침례를 받은 결과로 설정되어 있다. 즉 "회개하라. 그리하면 하나님께서 성령을 선물로 주실 것이다"인 것이다. 이 부분은 이해하기 어려운 것이 전혀 없다.

나는 사람이 성령을 받으려면, 이전에 반드시 거듭나야 한다고 말하고 싶다. "너희가 다 믿음으로 말미암아 그리스도 예수 안에서 하나님의 아들이 되었느니라."(갈 3:26) "너희가 아들이므로 하나님이 그 아들의 영을 우리 마음 가운데 보내셨느니라."(갈 4:6) "그 안에서 또한 믿어 약속의 성령으로 인치심을 받았음이라."(엡 1:13) "우리를 너희와 함께 그리스도 안에서 굳건하게 하시고 우리에게 기름을 부으신 이는 하나님이시니라."(고후 1:21) 우리는 여기에 더 많은 구절들을 더할 수도 있다.

어떤 사람들은 말하길, 자신들은 침례에 의해 새로 태어난다고 한다. 그리고 베드로가 말하길, 그 결과로 그들이 성령을 받게 되는 것이라고 했다고 주장한다. 여기서 요점이 중요하다. 하나에 의해서 나는 생명과 새 본성을 얻는다. 다른 하나에 의해서 내 몸은 성령의 전이 되며, 나는 구속의 날까지 인침을 받는다. 하나는 하나님에게서 새 본성을 받는 것이고, 다른 하나는 내 안에 하나님이 거하시는 것이다. 사실, 교회의 실제적인 상태를 생각해보면, 성령의 내주보다 더 중요한 진리를 나는 알지 못한다. 그리스도인의 상태는 거기에 달려 있다. 내가 그리스도 안에 있음을 알게 되는 것은 보혜사의 임재를 통해서 되는 일이다(요 14장). 성령의 강림하심으로 인해서 우리는 오순절 날에 한 몸으로 세례를 받았다. 성령의 임재에 의해서 우리는 구속의 날까지 인침을 받았다.

268

마태복음 28장에 있는 열두 사도들의 사명의 연장선상에 있는 베드로의 가르침과 바울의 가르침을 혼합하는 것은 엄청난 실수다. 신자에게 베드로의 글과 바울의 글은 모두 하나님의 말씀이고, 그렇게 받아야 한다. 그렇지만 열두 사도들의 사명은 승천하신 그리스도에게서 온 것이 아니라, 부활하신 그리스도에게서 온 것이며, 오직 이방인들에게 가라는 것이었다. "그러므로 너희는 가서 모든 민족을 제자로 삼아 아버지와 아들과 성령의 이름으로 세례를 베풀고 내가 너희에게 분부한 모든 것을 가르쳐 지키게 하라 볼지어다 내가 세상 끝날까지 너희와 항상 함께 있으리라 하시니라."(마 28:19,20) 하늘로 올라가시는 그리스도에게서 사명을 받은 누가는 유대인들을 포함시키고 있다. "또 그의 이름으로 죄 사함을 받게 하는 회개가 예루살렘에서 시작하여 모든 족속에게 전파될 것이 기록되었으니 너희는 이 모든 일의 증인이라."(눅 24:47,48) 우리에게 실제적으로 중요한 점은 갈라디아서 2장을 통해서 배울 수 있는데, 즉 세 명의 위대한 사도들이 이방인들에 대한 사명을 포기했고, 이로써 바울이 이방인들을 대상으로 하는 사역을 온전히 맡는 것으로 동의했다는 사실이다. "베드로에게 역사하사 그를 할

례자의 사도로 삼으신 이가 또한 내게 역사하사 나를 이방인의 사도로 삼으셨느니라 또 기둥같이 여기는 야고보와 게바와 요한도 내게 주신 은혜를 알므로 나와 바나바에게 친교의 악수를 하였으니 우리는 이방인에게로, 그들은 할례자에게로 가게 하려 함이라."(갈 2:8,9) 바울 외에는 교회를 언급한 사람은 아무도 없다. 바울이 "비밀(mystery)"이라고 부르는 것은 그에게만 맡겨진 것이었다. 바울은 복음의 사역자였을 뿐만 아니라 교회의 사역자였다. 그는 "그리스도께서 나를 보내심은 세례를 베풀게 하려 하심이 아니요 오직 복음을 전하게 하려 하심"(고전 1:17)이라고 선언했다. 그런데 만일 침례에 의해서 생명을 받는 것이라고 할 것 같으면, 바울의 선언은 정말 이해할 수 없는 말이 되고 말 것이다.

마태복음 16장에 대해서 생각해보자. 교황주의자들과 예식주의자들의 모든 잘못된 신학시스템은 그리스도께서 세우시는 건축물과 사람이 세우는 건축물을 혼동하는 지점까지 흘러갔다. 그리스도는 "내가…내 교회를 세우리니 음부의 권세가 이기지 못하리라"(18절)고 말씀하셨다. 그리스도께서 세우시는 이 건축물은 아직 완성되지 않았다. 베드로전서 2장을 보면, 산 돌들이 신령한 집으로 세워지는데, 여기엔 인간 건축자에 대한 언급이 없다(4,5절). 에베소서 2장을 보면, 모든 것이 서로 연결하여 주 안에서 성전이 되어가고 있지만 여기서도 인간 건축자는 언급되고 있지 않다(21,22절). 고린도전서 3장을 보면, 우리는 지혜로운 건축자로서 터를 놓은 바울과 사람이 그 위에 나무와 풀과 짚으로 이 터 위에 세우는 것을 볼 수 있다. 여기엔 인간의 책임과 그에 대한 경고가 있다. 그리스도께서 건축자가 아니시기 때문에, 여기엔 부패하는 일이 개입할 여지가 있다. 수고에 대한 보상이 있고, 손실을 입는 일도 있다. 하지만 사역에 참여했던 사람은 구원을 받지만, 이 경우 그 사람이 행한 일은 불에 타버린다. 이 사람들은 그리스도께서 진행하고 있는 건축에 참여할 수 있는 자격과 특권을 받았지만 어리석게도 나무와 풀과 짚으로 터 위에 쌓아 올리는 일을 했으며, 결국 나쁜 일꾼으로 드러나게 될 것이다. 그렇다. 많은 사람들이 타락하게 될 것이며, 교회사역을 무너뜨리게 될 것이다. 이러한 것들을 놓고 생각해볼 때, 그들은 전혀 하나님에게서 배운 일이 없는 사람들이었다. 사도 바울은 우리에게 경건의 모양은 있지만 경건의 능력을 부인하는 사람들에게서 돌아서라고 말한다.

269

나는 중요한 사항들은 대부분 언급했다고 믿는다. 한 가지 언급하고 싶은 점은 이렇다. 즉 나쁜 일꾼들에 의해서 나무와 풀과 짚으로 그리스도의 몸이 건축되는 것처럼 말하는 것은 끔찍스러운 일이라는 사실이다. 나무와 풀과 짚으로 건축되는 것은 하나님의 집에 대한 것이지 그리스도의 몸에 대한 것이 아니다. 하나님의 집과 그리스도의 몸은 결코 같은 것이 아니다. 안타까운 일이지만, 어떤 사람들에겐 완성된 구원의 신앙도 없고, 내가 그리스도 안에 있으며 또한 성령에 의해서 그리스도와 연합을 이루고 있다는 신앙도 없다. 외적인 신앙고백으로 이루어진 교회의 실패는 이미 성경에 선언되어 있다. 말세에 고통스러운 때가 오고 있다. 성경은 그러한 시대를 살아가는 사람들에게 유일하고도 확실한 안내서다. 디모데후서 3장을 읽어보라.

2장 요약

침례는 생명을 전달해주지 않는다. 침례는 상징적으로 죄들을 깨끗이 씻는 것이다. 부활 또한 생명을 전달해주지 않는다. 침례는 죽은 자들 가운데서 그리스도를 일으키신 하나님의 역사를 믿는 믿음과 연결되어 있다.

소위 성례전을 통한 은혜의 전달(sacramental grace)이란 사상이나 세례 또는 침례에 의해서 거듭난다고 말하는 세례(침례) 중생설은 진리가 아니다. 우리가 주의 만찬을 믿음으로 참여함으로써, 그리스도와 교통을 나누는 복을 받는다는 것에 대해서 나는 기쁘게 인정한다. 그리스도는 두 세 사람이 그분의 이름으로 모이는 곳에 함께 하실 뿐만 아니라, 그들이 그렇게 모여서 자신들에게 베풀어주신 그분의 은총을 찬송하면서, 그분의 죽음을 기념하는 특별하고도 복된 시간에도 함께 하신다. 그렇지만 빵과 포도즙 속에 은혜가 있는 것은 아니다. 그러한 생각은 순전히 해로운 미신일 뿐이다. 성경에는 빵과 포도즙을 감사함으로 받는 것은 있지만, 성체 축성(consecration of elements)은 없다. 우리가 떼는 것은 빵일 뿐, 다른 것이 아니다. 우리는 "처음부터 들었던 것"(요이 1:6)을 붙잡아야 하며, 그렇지 않으면 아들과 아버지 안에 거하지 못한다.

요한복음에서 만찬을 암시하고 있는 듯이 보이는 두 개의 장은 3장과 6장이다. 요한복음 3장과 6장은 절대적으로 주님의 만찬을 가리키고 있지 않다. 왜냐하면 그리스도를 먹는 모든 사람은 확실히 그리고 최종적으로 구원을 받는다고 확증하고 있기 때문이다. 그리스도 자신이 생명의 빵이기 때문에, 그 빵을 먹는 사람은 영생하게 될 것이다(51절). 이런 말씀은 성례와는 아무 관계가 없다.

우리는 그리스도께서 세우시는 건축물과 사람이 세우는 건축물을 혼동해선 안된다. 그리스도는 "내가…내 교회를 세우리니 음부의 권세가 이기지 못하리라"(마 16:18)고 말씀하셨다. 그리스도께서 세우시는 이 건축물은 아직 완성되지 않았다. 베드로전서 2장을 보면, 산 돌들이 신령한 집으로 세워지는데, 여기엔 인간 건축자에 대한 언급이 없다(4,5절). 에베소서 2장을 보면 모든 것이 서로 연결하여 주 안에서 성전이 되어가고 있지만, 여기서도 인간 건축자는 언급되고 있지 않다(21,22절). 고린도전서 3장을 보면, 우리는 지혜로운 건축자로서 터를 놓은 바울과 사람이 그 위에 나무와 풀과 짚으로 이 터 위에 세우는 것을 볼 수 있다. 여기엔 인간의 책임과 그에 대한 경고가 있다. 따라서 그리스도께서 건축자가 아니시기 때문에, 여기엔 부패하는 일이 개입할 여지가 있다. 수고에 대한 보상이 있고, 손실을 입는 일도 있다. 사역에 참여했던 사람은 구원을 받지만, 이 경우 그 사람이 행한 일은 불에 타버린다. 이처럼 하나님의 집은 나쁜 일꾼들에 의해서 나무나 짚이나 풀에 의해서 건축될 수가 있다. 하지만 그리스도의 몸은 결코 그렇지 않다. 그리스도의 몸은 성령 세례에 의해서 형성된다. 하나님의 집과 그리스도의 몸은 결코 같은 것이 아니다.

외적인 신앙고백으로 이루어진 교회의 실패는 이미 성경에 선언되어 있다. 말세에 고통스러운 때가 오고 있다. 성경만이 그러한 시대를 살아가는 사람들에게 유일하고도 확실한 안내서다.

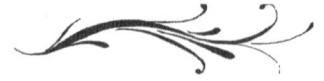

가족 침례

On the Baptism of Households

"그러므로 한 사람으로 말미암아 죄가 세상에 들어오고 죄로 말미암아 사망이 들어왔나니 이와 같이 모든 사람이 죄를 지었으므로 사망이 모든 사람에게 이르렀느니라."(롬 5:12)

아담에게 "네가 먹는 날에는 반드시 죽으리라"(창 2:17)는 말씀이 주어졌고, 사망은 그 날부터 오늘에 이르기까지 모든 사람들의 공동 운명이 되었다. 에덴동산에서 하나님과 인간 사이에 죄가 들어오기까지 아무 장벽

이 없었지만, 죄가 들어온 후부터 죽음을 통하지 않고서는 하나님께로 나아갈 혹은 돌아갈 길이 없었다. 이것은 하나님이 성경을 통해서 자신의 모든 종들에게 가르쳐 오신 진리였다. 아담은 가죽옷을 입고서, 어린양을 제물로 바쳤다. 아벨의 제사를 생각해보라. 그리고 노아, 아브라함, 그리고 모세도 이 진리를 배워야만 했다.

유월절 어린양이 의미하는 바, 그리고 유대인들이 정성을 바쳐 드리는 예식이 의미하는 바를 생각해보라. 만일 하나님이 저주받은 이 땅에서 구속받은 하나의 백성을 소유하고자 하신다면, 그것은 죽음을 근거로 해서만 가능하지 않겠는가? 만일 하나님께서 죄악된 인간을 자신과의 관계 속으로 들어오게 하고자 하신다면, 그것은 죽임을 당한 어린양을 통해서만 가능한 일이다. 그렇다면 그 모든 죽임을 당한 어린양들은 "세상 죄를 지고 가는 하나님의 어린양"의 모형이었던 것이다. 이 모든 것들은 나름 중요한 의미를 가지고 있었고, 우리는 그 중요성을 제대로 헤아려 보아야 마땅하다! 우리를 위해서 더 나은 것이 준비되어 왔고, 영광스러운 복음의 빛을 통해서 모든 것이 선명하게 드러나게 되었다.

성경은 "이 사람들은 다 믿음을 따라 죽었으며"(히 11:13), 또한 "하나님의 모든 약속"(고후 1:20)은 그리스도 안에서 이루어질 것이라고 기록하고 있다. 따라서 주 예수 그리스도는 인간의 측면에서는 믿음의 대상이며, 하나님의 측면에서는 죄인들을 받아주실 수 있는 유일한 중보자가 되는 것이다. (왜냐하면 거룩하신 하나님은 죄인인 나를 대적하셔야만 하기 때문이다.) 과거로부터 현재에 이르기까지 하나님께 나아가는 사람은 반드시 하나님의 방법으로 나아가야만 했다. "인생이 어찌 하나님 앞에 의로우랴?"(욥 9:2) "한 사람이 모든 사람을 대신하여 죽었은즉 모든 사람이 죽은 것이라."(고후 5:14) "주의 눈 앞에는 의로운 인생이 하나도 없나이다."(시 143:2) 홍수 때 하나님은 "모든 육체의 끝 날이 내 앞에 이르렀으니"(창 6:13)라고 말씀하셨고, 거기엔 다른 대안은 없고 오직 심판만 있었다. 하지만 인간은 제침을 당하지 않았고, 다만 그 일은 십자가에서 일어났다. 노아는 살아남았고 희생제사에 근거해서 하나님은 그에게 복을 주셨다. 그리고 하나님은 노아와 및 방주에서 나온 모든 것들과 언약을 맺으셨다.

육신을 가진 인간이 땅을 얻게 되자 시험이 임했다. 얼마나 처참하게 인간이 실패했는지 여기서 굳이 언급할 필요가 없을 것이다. 그것으로 유대인이건 이방인이건, 모든 사람의 운명은 봉인되었다. 찬송 받으실 하나님의 아들께서 오셨을 때, 그것은 빛이 어둠에 비치는 것이었다. 모든 사람이 죽어 있는 상태에 있었을 때, 그분은 생명이셨다. 모든 사람이 진리에 속해있지 않았을 때, 그분은 모든 사람에게 나타난 진리셨다. 그리스도는 자기 백성들, 유대인들에게 거절을 당하셨다. 그들은 그리스도를 사망의 정죄를 내려 죽이고자 이방인의 손에 넘겼고, 그렇게 갈보리에 세워진 십자가는 인간 역사의 중심축을 이루게 되었다. 그때 그리고 그 자리에 죄와 육신으로 불리는 사람 혹은 첫째 사람과 첫째 사람에 속한 모든 사람들이 하나님에 의해서 심판을 받았고, 영원히 제거되었다.

이처럼 복된 진리가 한 사람을 통해서 이루어졌다. 하나님은 영원토록 그 한 사람에게 주목하신다는 사실을 자신의 말씀을 통해서 우리에게 계시하셨다. 거기서 우리가 배워야만 하는 교훈이 있다. 즉 하나님의 아들의 죽음을 통해서 하나님이 죄에 대하여 영광을 받으셨다는 것이다(고후 5:21). 주 예수님께서 무덤을 열고 부활하셨을 때 죄 문제는 완전히 해결되었고, (그리스도의 죽음과 부활의 결과로) 주님은 자기 제자들에게 "내가 내 아버지께 올라간다"(요 20:17)고 말씀하셨다. 그리고 복음이 온 세상을 향해 퍼져나가면서 "믿고 세례를 받는 사람은 구원을 얻을 것이요"(막 16:16)라고 전파되었다. 예수님께서 죽은 자 가운데서 살아나셨고, 사망의 권세를 잡은 자 곧 마귀를 이기신 분으로 전파되었다. 예수 그리스도는 "모든 사람을 위하여 죽음을 맛보셨고"(히 2:9) 이제는 모든 사람의 머리가 되셨다. 첫째 사람은 법적으로 형벌을 받아 제해졌다. 첫째 사람의 시험은 끝났고, 그의 심판도 지나갔다. "이제 이 세상에 대한 심판이 이르렀다."(요 12:31) 이처럼 엄중한 말씀이 죽음을 앞둔 우리의 복된 주님을 통해서 선포되었고, 이제는 어느 누구라도 영생의 복을 받고자 한다면 반드시 죽은 자 가운데서 다시 살아나신, 유일하신 분이신 예수 그리스도를 통해서 받아야만 한다.

이것은 하나님이 지금 죄인들에게 증언하시는 엄중하면서도 영광스러운 증거이다. 예수님은 죽음을 통과하셨고, 하늘의 가장 높은 자리에 오르셨다. 주님은 죄에 대한 모든 심판을 감당하셨고, 인간이 빠질 수 있고 또 실패할 수 있는 모든 책임을 친히 지셨다. 그리고 자기 사람들의 대표이자 머리로서 주님은 죄에 대한 하나님의 모든 진노를 감당하셨다. 다시 말해서, 첫째 사람, 죄, 육신이 그리스도의 죽음을 통해서 완전하게 심판을 받았으며, 영원히 제거되었다. 침례는 이러한 심판을 받아들이고 또 하나님 앞에서 자기 자신을 포기하겠다는 표현이며, 만일 하나님께서 나라고 하는 사람에 대해서 사망을 선고하신 것을 기꺼이 수용하겠다는 고백인 것이다. 왜냐하면 사망은 친히 죄가 되신 그리스도의 몫이었기 때문이다. 따라서 나는 은혜 가운데서 나를 위해 죽으신 둘째 사람, 곧 그리스도 안에 있는 자로서 새로운 삶을 얻게 된다. 따라서 성경은 "모든 백성과 세리들이 세례를 받음으로써 하나님을 의롭다"(눅 7:29)고 고백한 것을 기록하고 있다. 이제 하나님을 의롭다고 고백하는 것은 자신을 정죄하는 것이 되며, "바리새인과 율법교사들은 세례를 받지 아니하므로 그들 자신을 위한 하나님의 뜻을 저버리는 것"(눅 7:30)이 된다. 이렇게 침례를 받은 소수의 사람들은 자신의 책임에 근거해서 복을 받을 수 있다는 모든 소망을 포기했고, 이스라엘 민족의 실패를 인정했으며, 자신들이 이전에 가졌다고 주장했던 권리를 내려놓았고, 다만 요한이 "내 뒤에 오시는 이"(마 3:11)라고 증거하신 그리스도에게 가서, 바로 그분을 자신들의 복의 소망으로 고백했던 것이다. 한편 자신들을 의롭다고 생각했던 바리새인들은 하나님을 의롭게 해드리지 못했다. 그들은 침례받기를 거절함으로써 자신들을 정죄하지 않았고, 그렇게 하나님의 뜻을 저버렸다. 나는 여기서 세례 요한이 준 침례와 그리스도인의 침례의 차이점에 대해선 일단 생략하고, (둘 사이의 차이점은 한 가지이다.) 그저 단순하게 침례가 무엇을 의미하는지에 대해서 설명하고자 한다. 즉 침례는 앞서 언급한 것처럼 하나님의 증거를 받아들이는 것이다. 한 죄인이 그리스도를 믿는 순간, 그는 그리스도를 영접하며, 그 이름을 믿는 믿음을 통해서 구원을 받는다. 하지만 그 사람에 대해서 하나님이 그간 격노해 오신 것이 있다. 그는 죄가 왕 노릇하는 곳에 있었고, 그 때문에 그리스도께서 죄가 되셔야만 했으며, 그렇게 그리스도께서 죄에 대하여 죽으셔야만 했다. 만일 내가 이 땅에서 그분과 함께 하고자 한다면, 나는 모형적으로 죽음을 통과해야만 한다. 그래서 나는 이 땅에서 그리스도와 함께 하기 위해서 그분의 죽음에 합하는 침례를 받았다. 그 결과 그리스도 안에 있는 생명에도 참여하게 되었다. 그렇다 해도 그리스도의 죽음에 참여하려면 먼저 그리스도의 생명에 참여해야만 하는 것은 아니다. 하지만 실제적으론 생명을 얻고 그 다음에 죽음에 참여하게 된다. 다만 모형적인 의미에서, 나는 그리스도의 생명에 참여하기 위해서 그분의 죽음에 참여한다고 말할 뿐이다.

침례는 결코 침례 받는 자에게 생명을 전달하지 않으며, 항상 사망의 의미만을 전달한다. 따라서 사울은 "일어나 세례를 받고 너의 죄를 씻으라"(행 22:16)는 요청을 받았을 때, 그는 비록 구원의 안전 가운데 있었지만, 그럼에도 그는 자신이 지은 죄들과 함께 죄인의 상태에 있었다. 사울의 죄는 아직 씻음을 받지 못했고, 다시 말해서, 그는 그리스도 안으로 침례를 받기 전까지는 외적으로는 첫째 사람과 연결되어 있었고, 지상에 있는 사람으로서 그는 침례를 받은 이후에 들어가게 되는 그리스도인 상태에 있지 않았던 것이다. 만일 생명이 침례 받기 전에 이미 주어졌다면, 성경은 '일어나 세례를 받으라. 왜냐하면 너의 죄들이 씻어졌기 때문이라'고 기록되어 있어야 한다. 하지만 성경은 '회개하고 세례를 받으라.

왜냐하면 너의 죄가 사해졌기 때문이다'가 아니라 '회개하고 세례를 받음으로써 죄 사함을 받으라'고 되어 있다. 이 말은 신자에게 하는 말이 아니라, 침례 받기를 거절할 수 있는 모든 사람에게 하는 말이다. "그 말을 기쁘게 받은 사람들은 세례를 받으매."(행 2:41) 그들이 침례를 받은 이유는 죄 사함을 받기 위한 것이었다. 다시 말해서, 그들은 모형적으로 사망의 물, 곧 침례의 물속에 장사되기 전까지 외형적으로 죄로부터 자유로울 수 없었던 것이다. "물로 말미암아 구원을 얻은 자가 몇 명뿐이니 겨우 여덟 명이라 물은 예수 그리스도께서 부활하심으로 말미암아 이제 너희를 구원하는 표니 곧 세례라." (벧전 3:20,21)

여기서 노아가 물로 말미암아 구원을 받았다는 진술을 보게 된다. 노아는 홍수가 오기 전에 방주 안으로 들어갔고, 하나님은 그를 들여보내고 문을 닫으셨으며, 그는 하나님이 하실 수 있는 최선의 방법을 통해서 안전할 수 있었다. 하지만 어느 누구도 그가 구원받았다고 말할 수는 없었다. 말씀은 노아가 "물로 말미암아 구원을 얻었고, 물은 구원하는 표"라고 말하고 있다. 물이 하나님의 심판을 의미하기 때문에 노아가 방주에 들어가자마자 온 세상은 물로 덮였다. 그는 옛 세상에서 나와 방주에 들어갔고, 물 곧 심판을 통과했으며, 새 세상으로 나왔다. 그가 물을 통과하지 않았다면 구원받을 수 없었을 것이다. 사망의 물을 통해서 하나님의 심판을 받아들인 사람은 구원을 받게 되는데, 물은 "우리를 구원하는 표"이기 때문이다. 노아가 만일 심판을 통과하지 않았다면 구원을 받을 수 없었을 것이며, 홍수를 통과하지 않았다면 새 세상에 들어갈 수 없었을 것이다. 우리가 모형적으로 그리스도의 죽음을 통과하지 않는다면 우리는 외적으로 새로운 사람과 연결되어 있는 상태에 들어갈 수 없다. 물은 우리를 구원하는 표다. 그렇다면 우리는 침례가 없다면 외적으로 구원을 받지 못한다. 침례는 "육체의 더러운 것을 제하여 버리는 것이 아니다."(21절) 즉 컵의 바깥쪽을 씻는 것처럼 외적으로 씻어내는 것이 아니라, 내가 그리스도의 죽음 속으로 연합되는 것에 대한 모형이다. (그리스도의 부활은 그분의 죽음이 가지고 있는 효력을 발효시키는 의미가 있다.) 그리스도의 죽음만이 하나님 앞에서 선한 양심을 줄 수 있다. 따라서 그리스도의 죽음과 부활을 통해서 우리는 그리스도께서 자신의 죽음을 통해서 죄에 대한 심판을 담당하신 것을 알 수 있다. 노아는 하나님의 증거를 믿음으로써 그리스도의 모형인 방주에 들어감으로써 구원을 받았지만, 물을 통과하지 않았다면 새로운 기반 위에 설 수 없었을 것이다. 마찬가지로 그리스도인은 피에 대한 믿음을 통해서 구원을 받지만, 만일 그가 모형적으로 죽음을 통과하지 않는다면, 둘째 사람과 연결되어 있는 이미 심판을 받은 새 세상에 설 수 없게 된다.

이것은 정확하게 이집트에 있던 이스라엘 민족의 상태를 설명해준다. 그들은 피의 보호 아래 있었지만, 그들이 그리스도의 죽음에 대한 모형이자 모든 대적들을 멸망시킨 홍해를 건너기전까지는 이집트를 떠난 것이 아니었다. 그들은 안전했지만 구원 받은 것은 아니었다(They are safe, but not saved). 그들을 심판으로부터 안전하게 지키는 것은 피(blood)이긴 하지만, 그들은 대적에게서 해방을 받은 백성으로서 나타나려면 사망의 물을 통과해야만 했다. 피에 대한 믿음이 나를 안전하게 주지만, (침례의 모형인) 홍해를 건너기전까지 나는 이집트에서 해방을 받은 것은 아니다. 나는 어쩌면 주의 백성이 되었고, 나는 그리스도께서 나를 위해서 죽으신 것을 알고 있지만, 이 침례는 하늘가는(going to heaven) 문제가 아니라 이 땅에서 나의 지위(my position)와 연관이 있다. 우리는 침례를 통해서, 우리가 그리스도와 함께 죽었고, 그러므로 장사되었다는 사실을 배운다. "너희가 세례로 그리스도와 함께 장사되고 또 죽은 자들 가운데서 그를 일으키신 하나님의 역사를 믿음으로 말미암아 그 안에서 함께 일으키심을 받았느니라."(골 2:12) 우리는 그리스도께서 죄에 대하여 죽으셨음을 보았다. 하지만 반대로 나는 죽기 위하여, 모형상 죽음에 참여하기 위하여 침례를 받았다. 여기서 십자가 사역이 완성된 이후, 첫째 사람은 법적으로 끝나게 된다. 나는 그때 그리고 거기서 죽음의 모형이 가지고 있는 진리를 배우게 된다. 홍해가 이스라엘을 이집트에서 분리시킨 것처럼, 침례는 나를 그리스도께서 죽으신 세상 모든 것에서 분리시킨다. "죄에 대하여 죽은 우리가 어찌 그 가운데 더 살리요?"(롬 6:2) 핵심은 성도들을 죄에서 해방시키고, 은혜를 더하게 하려고 죄를 계속해서 짓거나 또는 하나님의 은혜를 색욕거리로 바꾸는 것에서 돌아서게 해준다는 것이다. 하나님의 영은 그것들을 어떻게 충족시키는가? "만일 그대가 그리스도와 합하여 침례를 받았은즉, 그것은 그리스도의 죽음에 합한 것이다." 그렇다면 죽음이 죄에 대한 하나님의 심판이 아니라면 무엇이란 말인가? 침례를 통해서 우리는 이 사실을 분명히 알게 된다. 즉 죄에 대한 심판을 통해서 의(義)가 나타났고, 그 속으로 침례를 받은 사람은 생명의 새로움 가운데 행해야 한다는 것이다. "누구든지 그리스도와 합하기 위하여 세례를 받은 자는 그리스도로 옷 입었느니라."(갈 3:27) "너희가 세례로 그리스도와 함께 장사되고 또 죽은 자들 가운데서 그를 일으키신 하나님의 역사를 믿음으로 말미암아 그 안에서 함께 일으키심을 받았느니라."(골 2:12) 우리가 침례를 받음으로 합하게 된 그리스도의 죽음은 우리를 모든 것, 즉 죄, 율법, 육신으로부터 분리시키는 일을 한다.

첫째 사람이 전적으로 정죄를 받았고 또 그리스도의 죽음을 통해서 법적으로 끝났음을 믿을 때, 침례는 혹 하나님이 나에게 둘째 사람과 연결되어 있지 않은 상태, 즉

"육으로 난 것은 육"(요 3:6)인 첫째 사람의 본성을 가지고 태어난 자녀들을 주셨다면, 이러한 심판을 그들에게도 적용시키는 믿음의 행위가 되어야 한다. 이 사실을 믿는다면, 우리는 비록 죄와 (이미 심판을 받아 처리된) 첫째 사람의 본성 가운데 태어났지만 이 자녀들을 하나님을 위해서 훈련시켜야 하며, 주의 교양과 훈계로 양육해야 한다. 이것은 그리스도의 죽음을 통해서 법적으로 심판을 받아 끝나버린 사람으로 자신을 그렇게 여기는 사람의 믿음에 속한 특권이다. 하나님이 죽음을 통해서 이루신 것이 무엇인지, 즉 구원인지 심판인지를 생각해볼 때, 그리스도의 죽음을 통해서 하나님의 의가 모든 사람에게, 사실은 믿는 모든 사람에게 나타났다. "우리는 … 하나님 앞에서 그리스도의 향기"(고후 2:15)다. 그리스도의 십자가는 죄의 존재에도 불구하고 하나님의 거룩을 이루는 도구가 되었다. 그렇다면 신자로서 우리는 우리 자녀들에게 그리스도의 죽음을 받아들일 수 있는 책임연령에 도달하자마자 바로 그들에게 그것을 제시할 의무를 하나님 앞에서 가지고 있다. 만일 나에게 자녀가 있다면, 가능한 일찍 나의 자녀에게 그리스도의 죽음을 소개하고 붙잡도록 할 것이다. 그것은 나의 몫이며, 나의 자녀를 위해서 내가 하나님 앞에서 지고 있는 책임이다.

이스라엘 백성이 그리스도의 죽음을 상징하고 있는 홍해를 건넜을 때, 그들은 믿음의 원리를 따라서 그리스도의 죽음에 참여했고, 사망의 물은 "좌우에 벽이 되었고"(출 14:22) 그렇게 그들은 물속에 있었다. 하지만 이집트 사람들은 믿음도 없고, 여호와의 백성들의 지도자인 모세에게 속하지 않은 채로 그 물 속으로 들어갔다가 몰살을 당했다. 마찬가지로 믿음은 죽으셨다가 다시 살아나신 그리스도께서 모든 사람에게 전파된 것과 죄와는 정반대인 하나님의 거룩의 증인이 되신 것을 본다. 정죄는 믿음이 없기 때문에 임한다. 문제는 여기서 나온다.

첫 번째, 자녀들은 하나님과 무슨 관계가 있는가? 두 번째, 그리스도인은 부모로서 하나님과 무슨 관계가 있으며 또 하나님이 자신에게 주신 자녀들과는 무슨 관계가 있는가? 여기서 우리는 우리 자신에 대한 입장이 아니라, 둘째 사람으로서 입장을 인식해야 한다. 첫 번째 입장은 그리스도의 죽음에 의해서 제거되었고, 이것은 첫째 사람 안에 있는 우리 자녀들의 입장도 마찬가지로 제거되었다. 자녀로서 그들은 그리스도의 죽음의 미덕 안에 서 있다. "삼가 이 작은 자 중의 하나도 업신 여기지 말라 너희에게 말하노니 그들의 천사들이 하늘에서 하늘에 계신 내 아버지의 얼굴을 항상 뵈옵느니라."(마 18:10) 믿음은 자녀들도 그리스도의 죽음에 참여하고 있다는 것을 사실로 받아들이며, 또한 그들을 모형적으로 그리스도의 죽음 속에 넣을 뿐만 아니라, 그리스도의 죽음을 통해서 나타난 하나님의 의가 그들에게 구원 또는 심판에 이르게 해줄 것으로 받아들인다. 하지만 하나님을 찬송할지

라. 그들 가운데 어느 누구도 멸망하는 것은 하나님의 뜻이 아니다. 빌립보 간수에게 하신 말씀은 "주 예수를 믿으라 그리하면 너와 네 집이 구원을 받으리라"(행 16:31)는 것이었다. 그의 믿음은 자신 뿐만 아니라 자신에게 속한 모든 사람들을 위해서 그리스도의 죽음을 붙잡는 것이었다. 그리스도에 대한 그의 믿음에 반응하신 하나님은 그들의 양심에 말씀을 적용해주셨고, 또한 그의 믿음이 그들을 위해서 받아들인 것을 그들 모두에게 적용시켜주셨다. 그래서 그들은 "온 가족이 다 세례를 받았던" 것이다(행 16:33). 이것은 절대적인 하나님의 선언이었고, 만일 말씀이 그런 의미를 가지고 있다면, 하나님을 향한 나의 믿음에 대한 응답으로 내 가족의 구원을 주장할 수 있는 보증을 주는 것이다. 이 또한 에베소서 2장 8절에 부속된 하나님의 선물인 것이다.

나는 첫째 사람이 심판받았다는 것과 부활하신 그리

스도께서 범죄한 세상 앞에서 하나님의 의를 선포하신 것과 이제 세상은 하나님의 아들의 죽음 때문에 하나님의 심판 아래 있다는 것을 기억하고 있다. 그 결과 모든 입은 닫혔고, 모든 사람은 죄 아래 있게 되었다. 침례는 신자로서 나 자신이 아무 것도 아님을 표현하는 것이기에, 나의 믿음이 나에게 속한 내 자녀를 붙들어 줄 수는 없다. 하나님께서 나로 하여금 내 자녀의 구원을 기대하도록 보증하셨다는 것을 기억했을 때, 침례를 통해서 사람은 심판 아래 있는 세상에서 벗어나 그리스도의 믿음 속으로 들어오게 되며, 침례를 받은 사람은 교회 안으로 들어오는 것을 보게 되었다. (물은 이제 우리를 구원하는 표이기 때문이다.) 그리스도의 죽음과 그에 대한 상징인 침례는 부활하신 그리스도께서 하나님의 의를 선포하신 세상 모든 사람들에게 구원 아니면 심판을 의미한다. 따라서 나는 즐거운 마음으로 침례를 상징적으로 받아들이며 또한 믿음을 가지고 나의 자녀들에게 침례를 베푼다.

왜냐하면 자녀들은 내가 하나님 앞에서 책임을 지고 있는 존재이기 때문이며, 침례는 그리스도의 죽음에 대한 상징이기 때문이다.

혹 하나님이 첫째 사람에 대한 기준으로 다루신다면 거기엔 소망이 없다. 나는 그리스도의 죽음을 첫째 사람을 끝낸 것으로 받아들이며, 그 죽음 안에서 첫째 사람에 속한 나의 자녀 또한 심판을 받았다고 인정한다. 나는 이제 모든 소망이 둘째 사람 안에 있다고 믿는다. 나는 그에 대한 공로를 그리스도의 죽음으로 돌리며, 그리스도의 죽음은 구원 혹은 심판을 가르는 절대적인 기준으로 본다. 하지만 하나님을 찬송하자. 하나님은 나로 하여금 그것은 심판이 아니라 구원이 될 것이란 믿음을 갖도록 격려하신다. 하나님은 아무도 멸망하는 것을 원치 않으신다. 하나님은 나를 위해서 그리스도를 주셨고, 또한 내 자녀들로 하여금 정죄에 이르지 않도록 그리스도를 주셨다. 하나님은 자녀들을 그리스도를 위하여 "주의 교양과 훈계로"(엡 6:4) 양육하라고 말씀하셨다. 게다가 "자녀를 그가 마땅히 가야 할 길로 훈육하라"(잠 22:6)고 말씀하신다. 어린 아이들은 그리스도께 속해 있다. 그리스도는 그들도 구속하셨다. 그래서 주님은 "어린 아이들을 용납하고 내게 오는 것을 금하지 말라"(마 19:14)고 말씀하셨다.

침례를 통해서 나는 그리스도의 권리를 인정한다. 그리스도는 죽음을 통해서 권리를 획득하셨다. 이는 그리스도께서 "하나님의 은혜로 말미암아 모든 사람을 위하여 죽음을 맛보려는 것이었다."(히 2:9) 이것은 세상에서, 그리고 세상에 속한 채 자녀를 양육하는 것에 대한 것이 아니라, 하나님께서 미래의 언젠가 그분 자신을 위해서 나의 자녀들을 받아주실 것을 신뢰하면서 다만 하나님을 위해서 자녀들을 훈육하는 것에 대한 것이다. 믿음은 그 때를 위해서 세상, 육신, 그리고 마귀를 떼어내며, 모든 교육과 훈련이 그리스도의 죽으심의 공로에 의해서 그리스도께 속한 자로서 우리 자녀들을 세우기 위한 것으로 인정하는 것이다. 믿음은 그들도 세상에 대하여 죽은 자로 여기는 것이다. 그러므로 나는 내 자녀를 위해서 그리스도인으로서 나 자신도 소유하지 않는 것을 허락할 수는 없다. 누가 이 모든 것을 감당하리요? 자녀 훈련의 모든 것은 이것을 목표로 삼아야 하며, 그들이 책임연령에 도달했을 때, 그리스도께서 그들에 대한 모든 권리를 취하시도록 해야 한다. 자녀들에 대한 책임을 맡은 부모로서 나는 그러한 권리를 인정한다. 이 일은 믿음을 통해서 되는 일이다. 즉 하나님께서 장차 자녀들에게 친히 역사하셔서 구주의 필요성을 일깨워주실 뿐만 아니라, 그들의 마음에 그리스도를 영접하게 하는 일을 기쁘게 감당해주실 것을 소망하면서 하는 일이다. 그리스도의 죽음을 심판에 대한 피난처로 받아들인 사람일지라도 자신을 위해서건 혹은 하나님이 자신에게 주신 자녀를 위해서건 간에, 자기 자녀를 세상의 방식과 세상의 쾌락을 위해 살도록 양육할 수 있다. 왜냐하면 자녀들이 회심하지 않았기 때문이기도 하지만, 정작 자신이 세상에 물들어 있기 때문이다. 이런 사람은 그 날 유월절 밤이 지나고 아침이 오기 전에 어린양의 피를 바른 문을 활짝 열어젖힌 이스라엘 사람과 같을 것이다. 문 인방에 피가 칠해져 있어야 한다는 사실을 우리는 잊어서는 안된다. 세상은 심판 아래 있기에, 모든 것은 믿음의 문제이다. 믿음이 없이는 하나님을 기쁘시게 할 수 없다(히 11:6).

만일 하나님의 말씀이 자녀들에게 침례를 주도록 직접적으로 말씀했다고 할 것 같으면, 누구라도 믿음이 없이 그저 침례를 주었을 것이다. "하나님의 말씀은 완전하다." 말씀을 기록하도록 하신 하나님은 장차 기독교계가 어떻게 흘러갈지를 아셨고, 여기서 우리는 오늘날 흔히 볼 수 있는 현상, 즉 믿음 없이도 침례를 받는 기독교계의 현상을 막으시려 했던 하나님의 지혜를 볼 수 있다. 따라서 혹 자녀들에게 침례를 주는 것에 대한 직접적인 언급은 없을지라도, 온 가족이 침례를 받는 것을 통해서 즉 그들이 신자들이었기 때문이 아니라 (신자일수도 있고 혹은 아닐 수도 있지만) 오히려 그들이 가족이었기 때문에 침례를 받는 것에 대한 분명한 기록은 확실히 볼 수 있다. 여기엔 성경 전체적으로, 처음부터 끝까지 흐르는 원리가 있으며, 누군가 그에 대한 연구를 해보는 것은 좋은 일이다. 그대는 묻는다. '그렇다면 어째서 온 가족이 침례를 받는 것이 널리 알려지지 않은 건가요? 경건한 사람들은 신자들 외에는 어느 누구에게도 침례를 베푸는 것을 거절해온 것이 사실이 아닌가요?' 그렇다. 사실 누구에게 침례를 베풀어야 하는가에 대해서조차 많은 어둠과 혼돈이 있어 온 것 또한 사실이다.

안타까운 일이지만, "진리의 기둥과 터"로서 교회는 실패했다. 그리스도를 충성스럽게 바라보는 순전한 믿음에서 떠났고, 믿음으로 행하는 것을 그쳤고, 보는 것으로 행하는 것으로 다시 돌아갔다. 우리는 말세에 살고 있다. 하나님의 교회는 폐허 상태에 있다. 진리는 감추어졌고, 수세기 동안 먼지로 덮여있다. 하지만 하나님은 은혜롭게도 깨어 있는 소수의 사람들을 통해서 먼지들을 제거하는 일을 하셨고, 성도들로 하여금 말씀으로 돌아가도록 인도하셨으며, 그 속에 감추인 영광스러운 진리들을 회복시키는 일을 하셨다. 하나님은 특별히 주의 재림이라는 영광스러운 진리와 신약시대 성도들은 하늘의 부르심을 받았으며, 새로운 피조물이 된 존재라는 것과 교회의 진리들을 우리에게 회복시켜 주셨다. 성도들은 지금까지 다루어 온 모든 내용들이 잿더미와 흙구덩이에 묻혀 있음을 깨닫지 못한 채, 그저 침례에 대한 진리를 문자적으로만 고수하고자 애를 쓰고 있다. 세례 중생설에 놀란 나머지는, 침례가 생명을 주는 것이 아니란 것을 이미 알고 있으면서도 우리는 또 다른 극단으로 달려가고 있다. 침례가 구원하는 표인 것을 부인하고 있다. 먼지로 덮여있고, 아무리 폐허 상태에 있어도 하나님의 말씀은 밝게 빛나고 있으며 또한 세세토록 광채를 낼 것이다. 말씀은 우리가 그것을 넉넉히 감당하고 또 그것을 실제로 적용할 수 있을 때까지 계시해준다. 이것은 믿음을 위한 특별한 주제이며, 그리스도인과 그에게 속한 모든 가족에게 영적인 기쁨과 행복을 가져다주는 또 다른 은총이다. 그러므로 대적은 하나님의 성도들로 하여금 그것을 볼 수 없도록 특별한 노력을 아끼지 않고 있다. "의인은 믿음으로 말미암아 살리라"(롬 1:17)란 말씀을 늘 기억하기 바란다.

| 3장 요약 |

아담의 범죄 이후 죄가 세상에 들어왔고 죄로 말미암아 사망이 들어왔다. 그 날부터 사망이 오늘에 이르기까지 모든 사람들의 공동 운명이 되었다. 죄가 들어온 후부터 죽음을 통하지 않고서는 하나님께로 나아갈 혹은 돌아갈 길이 없었다.

이제 우리가 배워야만 하는 교훈이 있다. 즉 하나님의 아들의 죽음을 통해서 하나님이 죄에 대하여 영광을 받으셨다는 것이다(고후 5:21). 주 예수님께서 무덤을 열고 부활하셨을 때 죄 문제는 완전히 해결되었고, 복음이 온 세상을 향해 퍼져나가면서 "믿고 세례를 받는 사람은 구원을 얻을 것이요"(막 16:16)라고 전파되었다. 침례는 하나님의 증거를 받아들이는 것이다. 한 죄인이 그리스도를 믿는 순간, 그는 그리스도를 영접하며, 그 이름을 믿는 믿음을 통해서 구원을 받는다. 하지만 그 사람에 대해서 하나님이 그간 격노해 오신 것이 있다. 그는 죄가 왕 노릇하는 곳에 있었고, 그 때문에 그리스도께서 죄가 되셔야만 했으며, 그렇게 그리스도께서 죄에 대하여 죽으셔야만 했다. 만일 내가 이 땅에서 그분과 함께 하고자 한다면, 나는 모형적으로 죽음을 통과해야만 한다. 그래서 나는 이 땅에서 그리스도와 함께 하기 위해서 그분의 죽음에 합하는 침례를 받았다. 그 결과 그리스도 안에 있는 생명에도 참여하게 되었다.

첫째 사람이 전적으로 정죄를 받았고 또 그리스도의 죽음을 통해서 법적으로 끝났음을 믿을 때, 침례는 혹 하나님이 나에게 둘째 사람과 연결되어 있지 않은 상태, 즉 "육으로 난 것은 육"(요 3:6)인 첫째 사람의 본성을 가지고 태어난 자녀들을 주셨다면, 이러한 심판을 그들에게도 적용시키는 믿음의 행위가 되어야 한다. 이 사실을 믿는다면, 우리는 자녀들을 하나님을 위해서 훈련시켜야 하며, 주의 교양과 훈계로 양육해야 한다. 이것은 그리스도의 죽음을 통해서 법적으로 심판을 받아 끝나버린 사람으로, 자신을 그렇게 여기는 사람의 믿음에 속한 특권이다. 그렇다면 신자로서 우리는 우리 자녀들에게 그리스도의 죽음을 받아들일 수 있는 책임연령에 도달하자마자 바로 그들에게 그것을 제시할 의무를 하나님 앞에서 가지고 있다. 만일 나에게 자녀가 있다면, 가능한 일찍 나의 자녀에게 그리스도의 죽으심을 소개하고 또한 그분의 죽으심의 공로를 붙잡도록 할 것이다. 그것은 나의 몫이며, 나의 자녀를 위해서 내가 하나님 앞에서 지고 있는 책임이다.

나의 자녀들 가운데 어느 누구도 멸망하는 것은 하나님의 뜻이 아니다. 빌립보 간수에게 하신 말씀은 "주 예수를 믿으라 그리하면 너와 네 집이 구원을 받으리라"(행 16:31)는 것이었다. 그의 믿음은 자신 뿐만 아니라 자신에게 속한 모든 사람들을 위해서 그리스도의 죽음을 붙잡는 것이었다. 그들은 "온 가족이 다 세례를 받았던" 것이다(행 16:33). 이것은 절대적인 하나님의 선언이었고, 만일 말씀이 그런 의미를 가지고 있다면, 하나님을 향한 나의 믿음에 대한 응답으로 내 가족의 구원을 주장할 수 있는 보증을 주는 것이다. 하나님께서 나로 하여금 내 자녀의 구원을 기대하도록 보증하셨다는 것을 기억했을 때, 침례를 통해서 사람은 심판 아래 있는 세상에서 벗어나 그리스도의 믿음 속으로 들어오게 되며, 침례를 받은 사람은 교회 안으로 들어오는 것을 보게 되었다. 따라서 나는 즐거운 마음으로 침례를 상징적으로 받아들이며 또한 믿음을 가지고 나의 자녀들에게 침례를 베푼다. 왜냐하면 자녀들은 내가 하나님 앞에서 책임을 지고 있는 존재이기 때문이다.

침례를 통해서 나는 그리스도의 권리를 인정한다. 이로써 나는 하나님께서 미래의 언젠가 그분 자신을 위해서 나의 자녀들을 받아주실 것을 신뢰하면서 다만 하나님을 위해서 자녀들을 훈육한다. 믿음은 그 때를 위해서 세상, 육신, 그리고 마귀를 떼어내며, 모든 교육과 훈련이 그리스도의 죽으심의 공로에 의해서 그리스도께 속한 자로서 우리 자녀들을 세우기 위한 것으로 인정한다. 믿음은 그들도 세상에 대하여 죽은 자로 여기는 것이다.

자녀 훈련의 모든 것은 이것을 목표로 삼아야 하며, 그들이 책임연령에 도달했을 때, 그리스도께서 그들에 대한 모든 권리를 취하시도록 해야 한다. 자녀들에 대한 책임을 맡은 부모로서 나는 그러한 권리를 인정한다. 이 일은 믿음을 통해서 되는 일이다. 즉 하나님께서 장차 자녀들에게 친히 역사하셔서 구주의 필요성을 일깨워주실 뿐만 아니라, 그들의 마음에 그리스도를 영접하게 하는 일을 기쁘게 감당해주실 것을 소망하면서 하는 일이다. 모든 것은 믿음의 문제이다. 믿음이 없이는 하나님을 기쁘시게 할 수 없다(히 11:6).

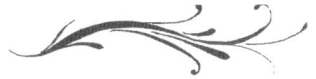

침례는 우리를 어디에 넣어주는가
Where Baptism puts us

by W Fereday(페러데이)

침례를 받음으로써 우리가 들어가게 되는 지위가 지닌 실제적인 의미가 무엇인지를 늘 상기해야 할 필요성을 느낀다. 사도 시대부터 지금까지 침례에 대한 논쟁은 끊임없이 이어져 왔기 때문에, 아마도 침례 옹호자들에게는 이보다 더 열띤 논쟁을 불러일으킬만한 주제는 없을 것이다. 논란이 거듭되다 보면 침례 예식의 중요성이 모호해지곤 하는데, 이렇게 되면 우리 모두에게 매우 심각한 결과를 초래할 수밖에 없다. 기독교 침례(Christian Baptism)만큼 바르게 이해되기만 한다면, 크리스천의 실제 삶에 있어서 마음과 양심에 깊은 영향을 주는 것은 없을 것이다.

침례와 주의 만찬 사이의 도덕적 관계를 주목하는 것은 흥미롭다. 둘 다 주님이 자기 백성을 위하여 제정하신 규례(ordinances)다. 하나(침례)는 그분의 부활 후에 제정되었으며, 다른 하나(주의 만찬)는 그분의 죽으심 직전에 제정되었다. 둘 다 주님이 재림하실 때까지 우리가 준수해야 하는 규례로 제정되었다. 침례와 주의 만찬 모두 그분의 죽음을 가리킨다. 이 점을 마음에 새기는 것이 중요하다. 주 예수님을 돋보이게 하려는 취지에서, 주 예수의 죽음은 경시하고 (우리가 따라야 할 본보기로서) 그분의 생애는 크게 강조하는 경향이 있다.

하지만 그리스도의 죽음이야말로 하나님과 인간을 위한 모든 것의 기초이다. 그리스도의 죽음이 없다면 어느 누구에게도 축복은 불가능할 것이다. 그리스도의 죽음을 통해서, 하나님의 공의로운 의(義)에 대한 모든 요구가 단번에 영원히 충족되었다. 죄들이 제거되었을 뿐만 아니라 그리스도의 죽으심 속에서 죄를 지은 사람도 하나님의 눈앞에서 제거되었다. "우리 옛 사람이 예수와 함께 십자가에 못 박혔다."(롬 6:6)

침례는 개인을 위한 것이지만, 주의 만찬은 교회를 위한 것이다. 침례는 단번에 영원히 이루어지는 일이지만, 주의 만찬은 계속 되는 것이다. 하지만 둘 다 그리스도의 죽음을 가리키고 있다. 침례는 우리를 그분의 죽음에 동일시하게끔 해준다. 주의 만찬은, 죽으신 분을 감동적으로 기억하면서, 그분의 죽음이 우리를 이 아래 모든 것과 관련하여 어디에 두었는지를 자주 상기시켜준다.

침례는 앞을 내다보고 있다는 사실을 주의 깊게 살펴볼 필요가 있다. 이것은 로마서 6장 3-4절과 갈라디아서 3장 27절에서 "to"라는 단어를 성령님이 사용하신 것을 통해서 나타났다. 불행한 일이지만 킹제임스 성경과 개정판 모두에서 "into"로 번역되었다. 침례 예식을 통해서, 우리는 전에 아담 안에 있던 사람으로서 존재했던 모든 것을 버리고, 앞으로 우리의 전체 인생에 큰 영향을 미칠 수 있는 지위(a position) 속으로 들어간다. 우리가 특정 날짜를 언급하면서, 나는 그 때 물 속에 들어가는 침례를 받았다고 말하는 것은 별 의미가 없다. 사실 더 중요한 것은, 그 날 이후로 침례에 담긴 성경적인 원리를 따라서, 우리가 얼마나 잘 살아가고 있느냐 하는 것이다.

로마서 6장 1-4절을 읽어보자. "그런즉 우리가 무슨 말 하리요 은혜를 더하게 하려고 죄에 거하겠느뇨 그럴 수 없느니라 죄에 대하여 죽은 우리가 어찌 그 가운데 더 살리요 무릇 그리스도 예수와 합하여 침례를 받은 우리는 그의 죽으심과 합하여 침례받은 줄을 알지 못하느뇨 그러므로 우리가 그의 죽으심과 합하여 침례를 받음으로 그와 함께 장사되었나니 이는 아버지의 영광으로 말미암아 그리스도를 죽은 자 가운데서 살리심과 같이 우리로 또한 새 생명 가운데서 행하게 하려 함이니라." 이 친숙한 구절에 담긴 사도 바울의 주장은 너무나 명확해서 누구도 그것을 오해할 수 없다. 바울은 바로 앞에서 우리에게 "죄가 더한 곳에 은혜가 더욱 넘쳤나니"(롬 5:20)라고 말했다. 여기에 하나님의 경이로운 역사가 소개되어 있다. 즉 하나님은 사람의 모든 악에 대해 승리하셨고, 그 모든 악조차 믿는 죄인들에게 하나님의 풍성한 은혜가 나타나게 하기 위한 어두운 배경으로 사용하셨다. 그리고 나서 사도 바울은 몇몇 비뚤어진 마음을 가진 사람들이 트집을 잡고자 일어날 것을 예상한 듯 보인다. 사람의 악이 하나님의 은혜를 풍성하게 하였을진대, 어째서 계속해서 죄를 지으면 안되는 것인가? 사도 바울은 이것이 모든 기독교적인 입장에 대해서 노골적으로 반박하는 모습이라는 것을 계속 보여준다. 하나님은 신자가 그리스도의 죽음 속에서 함께 죽은 존재로 보신다. 그렇다면 그리스도께서 위하여 죽은 사람은 어떻게 살아야 하는 것인가?

사도 바울의 서신서를 보면, 자주 "너희가 알지 못하느냐?"고 말하는 것을 볼 수 있다. 이로부터 우리는 한번 알고 순종했던 진리를 잊어버리는 일이 얼마나 쉬운지를 볼 수 있으며, 게다가 우리가 진리를 문자적으로 순종하는 것으로만 만족하고, 그 진리가 가지고 있는 참 정신으로부터 멀어지는 것이 얼마나 쉬운지를 배울 수 있다. 그래서 이 성경구절을 통해서 사도 바울은 기독교 침례와 연결되어 있는 진리에 호소한다.

우리는 그리스도 예수와 합하는 침례를 받았다. 이로써 우리는 그분에게로 따로 구별되었으며, 우리의 유일한 소망이 그리스도 안에 있음을 인정했다. 살아 있는 메시아는 우리에게 아무 의미가 없다. 우리의 행복은 죽음을 통과하시고, 지금은 하나님의 얼굴 앞에서 부활의 능력으로 살아계시는 "그리스도 예수"와 함께 하는 것이다. 이것의 실제적인 효과가 나타나려면 이후부터 그리스도께서 나의 전부(골 3:11)가 되어야 한다. 우리가 사는 것은, 더 이상 우리 자신을 위해 사는 것이 아니라 우리를 위하여 죽으셨다가 다시 살아나신 그분만을 위하여 사는 것이다. 그래서 사도 바울은 고린도후서에서 이것을 고린도 신자들에게 표현했다.

그리스도는 우리가 절대적인 헌신을 드리기에 지극히 합당한 분이시며, 그분의 뜻을 행하는 것이야말로 우리의 깊은 기쁨이 되어야 한다. 이집트에서 나온 사람들은

"모세에게 속하여 다 구름과 바다에서" 침례를 받았다 (고전 10:2). 그들은 모세에게로 구별되었고, 모세를 통해서 하나님의 음성을 들었으며, 모세의 모든 지시에 순종했다. 이 시점에서 우리의 마음을 시험해보자. 과연 우리는 전적으로 그리스도 예수와 합해졌으며, 전적으로 그리스도께 헌신되었는가? 과연 그리스도의 뜻을 행하는 것이 우리의 매일의 삶의 즐거움인가?

게다가 "그리스도 예수와 합하여 세례를 받은 우리는 그의 죽으심과 합하여 세례를" 받았다(롬 6:3). 침례에 중생의 개념을 접합시키는 것은 절대적으로 잘못된 것이며, 진리를 파괴하는 행위다. 침례를 말하고 있는 모든 성경 구절은 생명이 아니라 죽음을 가리키고 있다. 우리는 새로이 받은 새 생명의 능력으로 옛 생명을 버리고, 또한 그리스도께서 들어가신 새 세상으로 들어가고자, 단번에 영원히 침례 속에 우리의 자리를 취하는 것이다.

이것은 우리를 세상 전체 시스템으로부터 확실히 분리시킨다. 세상의 목적, 세상의 즐거움, 세상의 정치, 세상의 명예와 보상은, 이후로부터 우리에겐 "뒤에 있는 것들"로 간주되어야 한다(빌 3:13). 우리는 정말 그처럼 전면적으로 개혁될 준비가 되어 있는가? 이것이 바로 침례가 의미하는 바다. 우리는 정말 그것을 원하는가? 침례 형식은 그대로 따르지만, 정작 침례가 의미하는 바를 마음속으로 거부하는 일이 자주 일어난다. 그렇다면 우리 또한 주님이 그분의 생애 동안 바리새인들을 가차 없이 정죄하신 것과 같은 정죄를 받게 될 것이다.

그리스도의 부활이 이 구절에서 언급되고 있는 방식을 살펴보자. 그리스도는 아버지의 영광으로 말미암아 죽은 자들 가운데서 살아나셨다(4절). 그리스도의 부활은 그리스도께서 사람으로서 이 땅에서 하신 모든 일에 대한 아버지의 응답이었다. 그리스도께서는 처음부터 끝까지 아버지를 영광스럽게 해드렸다. 그리스도는 (도덕적으로 말해서) 첫째 사람의 후손이 아니었다. 그리스도는 전혀 다른 종류의 사람이었으며, "하늘에서 나신, 둘째 사람"이셨다(고전 15:47). 다시 한 번 아버지께서 공개적으로 그리스도를 향해 기쁨을 나타내신 것은 당연하다. 부활은 그리스도의 완전하심에 대한 충만한 대답이었다. 아버지께서도 그리스도를 다시 살리실 수밖에 없으셨다. 이렇게 아들을 영광스럽게 하심으로써, 아버지 자신도 영광스럽게 되셨다. 그 결과 우리에게 아버지의 모든 기쁨의 대상이신 한 분이 높은 곳에 계시게 되었고, 그분은 이 땅에서 우리의 실제적인 삶의 모범이자 목표로서 우리에게 제시되셨다. "우리로 또한 새 생명 가운데서 행하게 하려 함이니라."(4절) 여기서 말하는 "새 생명"이란 이 땅에 속한 모든 것들로부터 절대적인 분리를 의미하며, 영광 가운데 계신 그리스도를 닮고자 계속해서 자라가는 영적인 삶을 가리킨다. 그리스도께서 영광을 받으신 것보다 더 낮은 기준은 결코 하나님을 만족시킬 수 없으며, 성경적인 침례의 의미 보다 더 낮은 기준 또한 침례를 받고자 하는 사람을 만족시킬 수 없을 것이다.

주님께서 우리가 침례의 의미와 그 능력을 알지 못한 채, 그저 맹목적으로 형식만을 따르려는 데서 우리를 지켜주시길 바란다. 주님께서 하늘로부터 돌아오시는 그 날까지 영적인 총명함과 진실한 마음으로 주님께 헌신함으로써, 주의 뜻을 행할 수 있기를 바란다.

4장 요약

기독교 침례(Christian Baptism)는 바르게 이해되기만 한다면, 크리스천의 실제 삶에 있어서 마음과 양심에 깊은 영향을 준다. 침례와 주의 만찬은 주님이 자기 백성을 위하여 제정하신 규례(ordinances)다. 침례는 주님의 부활 후에 제정되었으며(마 28:19,20), 주의 만찬은 그분의 죽으심 직전에 제정되었다(마 26:26-28). 둘 다 주님이 재림하실 때까지 우리가 준수해야 하는 규례다.

침례와 주의 만찬 모두 그분의 죽음을 가리킨다. 침례는 개인을 위한 것이지만, 주의 만찬은 교회를 위한 것이다. 침례는 단번에 영원히 이루어지는 일이지만, 주의 만찬은 계속 되는 것이다. 둘 다 그리스도의 죽음을 가리키고 있다. 침례는 우리를 그분의 죽음에 동일시하게끔 해준다. 주의 만찬은, 죽으신 분을 감동적으로 기억하면서, 그분의 죽음이 우리를 이 아래 모든 것과 관련하여 어디에 두었는지를 자주 상기시켜준다.

우리가 특정 날짜를 언급하면서, 나는 그 때 물 속에 들어가는 침례를 받았다고 말하는 것은 별 의미가 없다. 사실 더 중요한 것은, 그 날 이후로 침례에 담긴 성경적인 원리를 따라서, 우리가 얼마나 잘 살아가고 있느냐 하는 것이다.

우리는 한번 알고 순종했던 진리를 잊어버리는 일이 얼마나 쉬운지 모른다. 진리를 문자적으로 순종하는 것으로만 만족하고, 그 진리가 가지고 있는 참 정신으로부터 멀어지는 것이 얼마나 쉬운지를 배울 필요가 있다.

우리는 그리스도 예수와 합하는 침례를 받았다. 이로써 우리는 그분에게로 따로 구별되었으며, 우리의 유일한 소망이 그리스도 안에 있음을 인정했다. 우리가 사는 것은, 더 이상 우리 자신을 위해 사는 것이 아니라 우리를 위하여 죽으셨다가 다시 살아나신 그분만을 위하여 사는 것이다.

이 시점에서 우리는 우리의 마음을 시험해볼 필요가 있다. 과연 나는 전적으로 그리스도 예수와 합해졌으며, 전적으로 그리스도께 헌신되었는가? 과연 그리스도의 뜻을 행하는 것이 나의 매일의 삶의 즐거움인가?

침례의 의미와 그 능력을 알지 못한 채, 그저 맹목적으로 형식만을 따르려는 일을 피해야 한다. 우리는 주님이 재림하시는 그 날까지 영적인 총명함과 진실한 마음으로 주님께 헌신함으로써, 주의 뜻을 행해야 한다.

형제들의 집 도서 안내

1. 조지 뮬러 영성의 비밀
   조지 뮬러 지음/이종수 옮김/값 1,000원
2. 수백만을 감동시킨 사람을 감동시킨 바로 그 사람: 헨리 무어하우스
   존 A. 비올리 지음/이종수 옮김/값 1,000원
3. 내 영혼의 만족의 노래
   W.T.P 윌스톤 지음/이종수 옮김/값 1,000원
4. 모든 일을 하나님의 영광을 위하여 하라
   해리 아이언사이드 지음/이종수 옮김/값 1,000원
5. 잃어버린 영혼을 위해서 어떻게 기도해야 하는가
   오스왈드 샌더스, 찰스 스펄전 지음/이종수 옮김/값 1,000원
6. 윌리암 켈리의 칭의의 은혜(개정판)
   윌리암 켈리 지음/이종수 옮김/값 6,000원
7. 이것이 거듭남이다(개정판)
   알프레드 깁스 지음/이종수 옮김/값 9,000원
8. 존 넬슨 다비의 영성있는 복음
   존 넬슨 다비 지음/이종수 옮김/값 5,000원
9. 로버트 클리버 채프만의 사랑의 영성(개정판)
   로버트 C. 채프만 지음/이종수 옮김/값 7,000원
10. 영성을 깊게 하는 레위기 묵상
    C.H. 매킨토시 외 지음/이종수 옮김/값 5,000원
11. 존 넬슨 다비의 성경주석: 빌립보서
    존 넬슨 다비 지음/이종수 옮김/값 5,000원
12. 존 넬슨 다비의 히브리서 묵상(개정판)
    존 넬슨 다비 지음/정병은 옮김/값 11,000원
13. 조지 커팅의 영적 자유
    조지 커팅 지음/이종수 옮김/값 4,000원
14. 윌리암 켈리의 해방의 체험(개정판)
    윌리암 켈리 지음/이종수 옮김/값 4,500원
15. 존 넬슨 다비의 성경주석: 골로새서(개정판)
    존 넬슨 다비 지음/이종수 옮김/값 8,000원
16. 구원 얻는 기도
    이종수 지음/값 5,000원
17. 영혼의 성화
    프랭크 빈포드 호올 지음/이종수 옮김/값 1,000원
18. 당신은 진짜 거듭났는가?
    아더 핑크 지음/박선희 옮김/값 4,500원
19. C.H. 매킨토시의 완전한 구원(개정판)
    C.H. 매킨토시 지음/이종수 옮김/값 5,500원
20. 존 넬슨 다비의 하나님의 뜻을 분별하는 법
    존 넬슨 다비 지음/이종수 옮김/값 1,000원
21. 존 넬슨 다비의 성경주석: 요한계시록
    존 넬슨 다비 지음/이종수 옮김/값 10,000원

22. 주 안에 거하라
  해밀턴 스미스, 허드슨 테일러 지음/이종수 옮김/ 값 1,000원
23. C.H. 매킨토시의 하나님의 선물
  C.H. 매킨토시 지음/이종수 옮김/값 4,000원
24. 존 넬슨 다비의 성경주석: 에베소서
  존 넬슨 다비 지음/이종수 옮김/값 8,000원
25. 존 넬슨 다비의 영적 해방
  존 넬슨 다비 지음/문영권 옮김/값 7,000원
26. 건강하고 행복한 그리스도인이 되는 법
  어거스트 반 린, J. 드와이트 펜테코스트지음/ 값 1,000원
27. 존 넬슨 다비의 성경주석: 로마서
  존 넬슨 다비 지음/문영권 옮김/값 12,000원
28. 존 넬슨 다비의 성화의 길
  존 넬슨 다비 지음/이종수 옮김/값 4,500원
29. 기독교 신앙에 회의적인 사랑하는 나의 친구에게
  로버트 A. 래이드로 지음/박선희 옮김/값 5,000원
30. 이수원 선교사 이야기
  더글라스 나이스웬더 지음/이종수 옮김/값 5,000원
31. 체험을 위한 성령의 내주, 그리고 충만
  조지 커팅 지음/이종수 옮김/값 4,500원
32. 존 넬슨 다비의 성경주석: 갈라디아서
  존 넬슨 다비 지음/이종수 옮김/값 4,800원
33. 존 넬슨 다비의 성경주석: 요한서신서·유다서
  존 넬슨 다비 지음/문영권 옮김/값 8,000원
34. 존 넬슨 다비의 성경주석: 데살로니가전·후서
  존 넬슨 다비 지음/이종수 옮김/값 8,000원
35. 그리스도와의 연합과 구원(성경공부교재)
  문영권 지음/값 2,500원
36. 그리스도와의 연합과 성화(성경공부교재)
  문영권 지음/값 3,000원
37. 사도라 불린 영적 거장들
  이종수 지음/값 7,000원
38. 당신은 진짜 하나님을 신뢰하는가(개정판)
  조지 뮬러 지음/ 이종수 옮김/ 값 5,500원
39. 그리스도와 연합된 천상적 교회가 가진 영광스러운 교회의 소망
  존 넬슨 다비 지음/ 문영권 옮김/ 값 13,000원
40. 가나안 영적 전쟁과 하나님의 전신갑주
  존 넬슨 다비 지음/ 이종수 옮김/ 값 2,000원
41. 죄 사함, 칭의 그리고 성화의 진리
  고든 헨리 해이호우 지음/ 이종수 옮김/ 값 2,000원
42. 하나님을 찾는 시싱인, 이것이 궁금하다!
  김종만 지음/ 값 10,000원

43. 이것이 그리스도의 심판대이다
이종수 엮음/ 값 8,000원
44. 존 넬슨 다비의 성경주석: 마태복음
존 넬슨 다비 지음/이종수 옮김/값 16,000원
45. C.H. 매킨토시의 하나님에 관한 진실
C.H. 매킨토시 지음/이종수 옮김/값 1,000원
46. 존 넬슨 다비의 성경주석: 여호수아
존 넬슨 다비 지음/문영권 옮김/값 8,000원
47. 찰스 스탠리의 당신의 남편은 누구인가
찰스 스탠리 지음/이종수 옮김/값 4,000원
48. 존 넬슨 다비의 성령론
존 넬슨 다비 지음/이종수 옮김/값 13,000원
49. 존 넬슨 다비의 영적 해방의 실제
존 넬슨 다비 지음/이종수 옮김/값 5,000원
50. 존 넬슨 다비의 주요사상연구: 다비와 친구되기
문영권 지음/값 5,000원
51. 존 넬슨 다비의 죽음 이후 영혼의 상태
존 넬슨 다비 지음/이종수 옮김/값 5,000원
52. 신학자 존 넬슨 다비 평전
이종수 지음/ 값 7,000원
53. 존 넬슨 다비의 요한복음 묵상
존 넬슨 다비 지음/이종수 옮김/값 8,000원
54. 프레드릭 W. 그랜트의 영적 해방이란 무엇인가
프레드릭 W. 그랜트 지음/이종수 옮김/값 4,500원
55. 홍해와 요단강을 통해서 나타난 하나님의 구원
윌리암 켈리 지음/ 이종수 옮김/ 값 4,800원
56. 그리스도와의 연합을 위한 성령의 역사
윌리암 켈리 지음/ 이종수 옮김/ 값 19,000원
57. 누가, 그리스도인가?
시드니 롱 제이콥 지음/ 박영민 옮김/ 값 7,000원
58. 선교사가 결코 쓰지 않은 편지
프레드릭 L. 코신 지음 / 이종수 옮김/ 값 9,000원
59. 사랑의 영성으로 성자의 삶을 살다간 로버트 채프만
프랭크 홈즈 지음 / 이종수 옮김/ 값 8,500원
60. 므비보셋, 룻, 그리고 욥 이야기
찰스 스탠리 지음 / 이종수 옮김/ 값 7,500원
61. 구원의 근본 진리
에드워드 데넷 지음 / 이종수 옮김/ 값 6,500원
62. 회복된 진리, 6+1
에드워드 데넷 지음/ 이종수 옮김/ 값 6,000원
63. 당신의 상상보다 더 큰 구원
프랭크 빈포드 호올 지음/ 이종수 옮김/ 값 6,500원

64. 뿌리 깊은 영성의 그리스도인으로 사는 법
찰스 앤드류 코우츠 지음/ 이종수 옮김/ 값 9,000원
65. 천국의 비밀 : 천국, 하나님 나라, 그리고 교회의 차이
프레드릭 W. 그랜트 & 아달펠트 P. 세실 지음/이종수 옮김/ 값 7,000원
66. 존 넬슨 다비의 성경주석: 베드로전·후서
존 넬슨 다비 지음/ 장세학 옮김/ 값 7,500원
67. 존 넬슨 다비의 영광스러운 구원
존 넬슨 다비 지음/이종수 엮음/ 값 15,000원
68. 어린양의 신부
W.T.P. 월스톤 & 해밀턴 스미스 지음/ 박선희 옮김/ 값 10,000원
69. 성경에서 말하는 회심
C.H. 매킨토시 지음/ 이종수 옮김/ 값 6,000원
70. 십자가에서 천년통치에 이르는 그리스도의 길
존 R. 칼드웰 지음/ 이종수 옮김/ 값 7,500원
71. 그리스도와의 연합이란 무엇인가?
에드워드 데넷 지음/ 이종수 옮김/ 값 9,000원
72. 하늘의 부르심 vs. 교회의 부르심
존 기포드 벨렛 지음/ 이종수 옮김/ 값 16,000원
73. 당신은 진짜 새로운 피조물인가
존 넬슨 다비 외 지음/ 이종수 옮김/ 값 12,000원
74. 플리머스 형제단 이야기
앤드류 밀러 지음/ 이종수 옮김/ 값 14,000원
75. 바울의 복음, 그리스도의 영광의 복음
존 기포드 벨렛 지음/ 이종수 옮김/ 값 9,000원
76. 악과 고통, 그리고 시련의 문제
이종수 지음/ 값 9,000원
77. 요한계시록 일곱 교회를 향한 예언 메시지
존 넬슨 다비 지음/이종수 옮김/ 값 18,000원
78. 영광스러운 구원, 어떻게 받는가
존 넬슨 다비 지음/ 이종수 엮음/ 값 13,000원
79. 영광스러운 교회의 길
존 넬슨 다비 지음/이종수 엮음/ 값 22,000원
80. 존 넬슨 다비의 성경주석: 디모데전후서, 디도서, 빌레몬서
존 넬슨 다비 지음/ 이종수 옮김/ 값 15,000원
81. 성경을 아는 지식
존 넬슨 다비 지음/이종수 엮음/ 값 18,500원
82. 십자가의 도
존 넬슨 다비 지음/이종수 엮음/ 값 13,500원
83. 존 넬슨 다비의 성경주석: 고린도전후서
존 넬슨 다비 지음/ 이종수 옮김/값 18,500원
84. 존 넬슨 다비의 성경주석: 사도행전
존 넬슨 다비 지음/이종수 옮김/값 17,000원

85. 그리스도와의 연합을 위한 사도 바울의 기도
　　　　　　　　　　존 넬슨 다비 지음/이종수 엮음/값 10,000원
86. 빌라델비아 교회의 길
　　　　　　　　　해밀턴 스미스 지음/이종수 옮김/값 10,000원
87. 무명한 자 같으나 유명한 존 넬슨 다비 전기
　　　　　　윌리암 터너, 에드윈 크로스 지음/이종수 옮김/값 12,000원
88. 성경의 핵심용어 해설
　　　　　　　　데이빗 구딩, 존 레녹스 지음/허성훈 옮김/값 9,000원
89. 존 넬슨 다비의 성경주석: 히브리서, 야고보서
　　　　　　　　　　존 넬슨 다비 지음/이종수 옮김/값 17,500원
90. 존 넬슨 다비의 성경주석: 요한복음
　　　　　　　　　　존 넬슨 다비 지음/이종수 옮김/값 17,000원
91. 신부의 노래
　　　　　　　　　해밀턴 스미스 지음/이종수 옮김/값 10,000원
92. 에클레시아의 비밀
　　　　　　　　　해밀턴 스미스 지음/이종수 옮김/값 10,000원
93. 존 넬슨 다비의 성경주석: 누가복음
　　　　　　　　　　존 넬슨 다비 지음/이종수 옮김/값 13,500원
94. 예수 그리스도를 따라 맨 밑바닥까지 내려가는 아름다움
　　　　　　　　　　조지 위그램 지음/이종수 옮김/값 7,000원
95. 존 넬슨 다비의 성경주석: 마가복음
　　　　　　　　　　존 넬슨 다비 지음/이종수 옮김/값 8,000원
96. 죄 사함과 죄로부터의 완전한 자유
　　　　　　　　　　　조지 커팅 지음/이종수 옮김/값 7,000원
97. 성령의 성화
　　　　　　　　　　윌리암 켈리 지음/이종수 옮김/값 6,500원
98. 하나님의 義란 무엇인가
　　　　　　　　　　윌리암 켈리 지음/이종수 옮김/값 9,000원
99. 길이요 진리요 생명이신 그리스도
　　　　　　　　　　윌리암 켈리 지음/이종수 옮김/값 6,500원
100. 보혜사 성령
　　　　　　　　　W.T.P. 월스톤 지음/이종수 옮김/값 24,000원
101. 존 넬슨 다비의 성경주석: 창세기
　　　　　　　　　　존 넬슨 다비 지음/이종수 옮김/값 8,600원
102. 존 넬슨 다비의 성경주석: 이사야
　　　　　　　　　　존 넬슨 다비 지음/이종수 옮김/값 9,400원
103. "그리스도와의 하나됨"을 통한 동일시의 진리란 무엇인가
　　　　　　클라이드 필킹턴 주니어 책임편집/이종수 엮음/값 9,000원
104. 존 넬슨 다비의 성경주석: 다니엘
　　　　　　　　　　존 넬슨 다비 지음/이종수 옮김/값 8,000원
105. 그리스도와의 하나됨을 통한 "양자 삼음의 진리"란 무엇인가
　　　　　　클라이드 필킹턴 주니어 책임편집/이종수 엮음/값 11,000원

106. 순례자의 노래
존 넬슨 다비 지음/문영권 옮김/값 12,000원
107. 존 넬슨 다비의 성경주석: 에스겔
존 넬슨 다비 지음/이종수 옮김/값 8,800원
108. 성경공부교재 제 1권 거듭남의 진리
이종수 지음/값 5,000원
109. 존 넬슨 다비의 성경주석: 잠언, 전도서, 아가서
존 넬슨 다비 지음/이종수 옮김/값 5,000원
110. 성경공부교재 제 2권 죄사함의 진리
이종수 지음/값 6,500원
111. 최고의 영광으로의 부르심
클라이드 필킹턴 주니어 편집/이종수 엮음/값 9,000원
112. 존 넬슨 다비의 성경주석: 예레미야, 예레미야애가
존 넬슨 다비 지음/이종수 옮김/값 9,000원
113. 존 넬슨 다비의 새번역 신약성경(다비역 성경)
존 넬슨 다비 지음/이종수 옮김/값 35,000원
114. 존 넬슨 다비의 성경주석: 소선지서
존 넬슨 다비 지음/이종수 옮김/값 20,000원
115. 삼층천의 비밀
클라이드 필킹턴 주니어 책임편집/이종수 엮음/값 17,000원
116. 존 넬슨 다비의 침례의 더 깊은 의미
존 넬슨 다비 지음/이종수 옮김/값 8,000원

- 존 넬슨 다비의 새번역 신약성경을 소개합니다 -

● 최다最多 사본 대조 검증
● 최다最多 번역본 성경 대조 검증
● 가장 원어에 가까운 신약성경

값 35,000원

도서구입 : 생명의말씀사, 쿠팡, 갓피플몰, 예스이십사, 알라딘 등

Originally published under the title of
"Baptism" by John Nelson Darby
Copyright© Bible Truth Publishers
59 Industrial Road P.O. Box 649
Addison, IL 60101

Korean translation copyright
© 2011 by Brethren House, Korea
All rights reserved

존 넬슨 다비의 침례의 더 깊은 의미

ⓒ형제들의 집 2011

초판 발행 • 2021.11.19
지은이 • 존 넬슨 다비
옮긴이 • 이 종 수
발행처 • 형제들의집
판권ⓒ형제들의집 2011
등록 제 7-313호(2006.2.6)
주소 • 서울시 도봉구 도봉로 150가길 23
Cell. 010-9317-9103
홈페이지 http://brethrenhouse.co.kr
E-mail: asharp@empas.com
ISBN 979-11-90439-15-2 03230

＊값은 뒤표지에 있습니다.
＊잘못된 책은 바꿔드립니다.
＊서점공급처는 〈생명의말씀사〉입니다. 전화(02) 3159-7979(영업부)